마법의 힐링 애니멀

Vivida

Vivida™ trademark is the property of White Star s.r.l.
www.vividabooks.com

© 2023 White Star s.r.l.
Piazzale Luigi Cadorna, 6
20123 Milano, Italia
www.whitestar.it
www.vividabooks.com

Healing Animals by Federica Zizzari Kikosmica and illustrated
by Giada Ungredda
Copyright © 2023 White Star s.r.l.

OCCULT

초판 1쇄 발행. 2023년 12월 28일
ISBN 979-11-91509-45-8 (03180)

지은이. 키코스미카
그린이. 자다 웅그레다
옮긴이. 홍민선
기획. 오컬트 & 스토리
편집. 이자연
표지 및 편집디자인. 슬로스

오컬트
주소. 경기도 남양주시 다산순환로20 C동 4층 49호
이메일. occult.pub@gmail.com

마법의 힐링 애니멀

키코스미카 지음 · 자다 웅그레다 그림 · 홍민선 옮김

하늘의 동물

땅의 동물

물의 동물

상상의 동물

 지구의 자녀이자 인간인 우리에게는 두 가지 본성이 있습니다. 하나는 우리의 몸을 통해 드러나는 동물적인 본성이고, 또 하나는 신성한 영혼의 본성입니다.

이 책에서 만나게 될 동물들은 각자의 고유한 속성을 통해 접근할 수 있는 내면의 자원을 나타냅니다. 저는 그 고유한 속성을 '치유력'이라고 부릅니다. 우리의 힘을 더 강하게 만드는 이 동물들은 각각 독특하고 특별한 치유력을 상징합니다. 이 치유력은 그들이 세상에 주는 선물이며 우리는 여기서 에너지를 얻습니다. 우리는 내면에서 그 선물들을 되찾아 일상 속 도전에 대처하는 데 유용하게 사용합니다. 또한 그들을 우리 자신을 인식하는 소중한 거울로 삼아, 그 속에서 우리 존재의 다양한 측면을 발견하고 환대하며 사랑할 수 있습니다. 이 마법의 동물들이 가진 치유력을 이해한다면, 언제 그것을 활용할지 알 수 있습니다. 또한 우리를 지지하고 안내하는 협력자의 힘에 의지하여 우리가 겪어야 할 과정을 헤쳐 나갈 수 있습니다.

이 땅에서 살아가는 동안 우리는 적어도 우리에게 힘을 가져다주는 동물 한 마리와 함께하게 됩니다. 우리의 곁에서 걷는 이 소중한 안내자를 동물 정령, 또는 토템 동물이라고 부릅니다. 어떤 동물은 평생을 함께하며, 어떤 동물은 잠시만 함께합니다. 이 마법의 동물들은 자신들의 에너지를 끌어다 쓰게 해주며, 우리 자신의 힘을 깨닫게 해줍니다.

이들 동물 정령들은 옛날부터 우화, 동화, 신화, 전설 속에 등장하며 자신의 밝은 면과 어두운 면을 모두 보여주었습니다. 그들은 항상 우리를 감동시키며 때로는 두렵게 하고 때로는 우리의 마음을 열어줍니다. 그들은 우리의 영혼에는 물론 일상 속에 살아 있습니다. 이제 막 시작하려는 여정에서 당신은 그들을 사랑하는 법을 배울 것입니다. 그리고 이 동물들 각각이 당신이라는 존재의 한 부분을 드러내는 방법에 놀라게 될 것입니다.

하늘의 동물

하늘에 속한 동물은 그들의 민첩함으로 우리를 인도하며,

우리 안에 공간을 만들고 새로운 관점을 열어줍니다.

그들은 우리에게 날 수 있는 가능성을 열어줍니다.

모든 것을 높고 탁 트였으며 열린 시야에서 볼 수 있는 가능성을 말이죠.

그들은 우리를 영혼의 실상에 더 가까이 데려다주며,

비행의 영적인 측면에 초점을 맞춥니다.

이들은 우리가 다른 무언가가 될 수 있다는 것,

우리 존재가 육체로 인해 제한되지 않는다는 것을 상기시켜 줍니다.

그리고 우리 영혼의 잠재력을 일깨워 줍니다.

큰까마귀
내면에 품은 마법의 힘

"어머니 대지와 살아 있는 모든 것을
존중하세요. 당신 안에 존재하는
신성한 마법을 지키고 존경하세요."

한밤처럼 까만 까마귀는 현명하며, 선견지명과 예지력이 있는 동물입니다. 까마귀는 우리 모두가 태어난 태초의 자궁이자 우리가 치유를 경험하는 곳, 즉 공허의 전령입니다. 까마귀는 시체를 뜯어 먹기 때문에 항상 죽음과 연관되어 있습니다. 까마귀는 삶에서 죽음으로, 죽음에서 부활로 옮겨 갈 때마다 깍깍 울며 날아올라 우리를 두렵게 합니다.

석탄처럼 새까만 깃털을 가진 이 친구는 강력한 치유의 힘을 선물합니다. 북유럽 신화 최고의 신인 오딘(Odin)이 두 까마귀 무닌(Muninn, 기억)과 후긴(Huginn, 생각)을 거느리고 있는 것처럼 여러 신이 까마귀와 함께합니다. 무닌과 후긴은 매일 아침 서로 반대 방향으로 날아갔다가 해 질 녘에 돌아와서 세상의 비밀을 신에게 보고합니다.

미지의 것, 불가사의, 죽음처럼 까마귀는 우리를 두렵게 하기도 합니다. 우리 내면에 있지만 우리는 부정하며 외부의 것이라고 생각하는 어둠을 까마귀가 품고 있기 때문입니다. 까마귀는 바로 그 어둠 속으로 우리를 초대합니다.

우리는 어둠을 통해 배우고 깨칠 수 있으며 우리 내면이 각성하는 데 첫 발걸음을 내디딜 수 있습니다. 두려움을 넘어 어둠과 그림자 속으로 한 걸음 내딛음으로써 어둠과 그림자가 우리의 일부임을 깨닫고, 그 안에 숨겨진 보물을 발견할 수 있습니다.

까마귀는 창조적 원천을 존중하고 사랑하며 그 안에서 순수한 잠재력을 이끌어 내는 법을 가르쳐줍니다. 우리의 심연을 바라보는 법과 에너지의 흐름을 내면으로 이끄는 법도 가르쳐줍니다. 내면에 존재하는 마법을 발견하고 그것을 사용하는 방법을 배우게 함으로써, 까마귀는 우리 모두가 마녀이며 마법사임을 깨닫게 합니다.

의식을 깨우는 질문

- 당신이 품고 있는 마법을 두려워하나요?
- 그 마법을 연구하거나 탐구하나요, 아니면 부정하나요?
- 불가사의한 일을 신성한 선물로 받아들여 성장하는 데 활용할 수 있나요, 아니면 그 힘을 분석하고 제한하나요?
- 당신 안에 있는 마녀나 마법사를 존중하나요?
- 이웃을 저주하거나 축복하는 데 당신의 에너지를 사용하나요?

유럽울새
평안의 힘

"날 보거든 한숨 돌려요.
당신의 애원이 들렸답니다."

귀엽고 사랑스러우며 유쾌한 울새를 보면 우리는 내면 아이의 순수함과 우리를 돌봐줄 더 큰 힘에 의지한다는 안도감을 느끼게 됩니다. 이 작은 새의 매끈한 몸체와 듣기 좋은 노랫소리는 기쁨과 친밀감을 자아내지요.

여름의 밝은 색들이 바람 부는 잿빛 하늘에 자리를 내주어 우리 마음에 우울의 구름이 드리우는 겨울에는 울새의 노랫소리가 희망과 낙관을 가져다줍니다. 작지만 씩씩한 이 새가 갑작스럽게 창가로 날아와 그 순간을 공유하면 우리의 마음은 가벼워지고 기쁨으로 가득 찹니다.

울새는 가을에서 겨울로 계절이 바뀌는 것을 알리는 전령이며, 눈의 마법 같은 귀환을 예고합니다. 가슴의 붉은 빛깔은 우리의 영혼을 격려하며 온기와 신뢰를 가져다줍니다. 울새는 행운과 선함, 연민, 나아가 재생과 부활의 상징이기도 합니다.

전설에 따르면 예수가 탄생한 첫 번째 성탄절 밤, 이 작은 새의 날갯짓 덕분에 예수 가족이 머물던 베들레헴의 작은 동굴 속 장작불이 계속 타오를 수 있었다고 합니다. 다음 날 아침, 끈기와 결단에 대한 보상으로 울새의 깃털은 붉은색으로 바뀌었습니다. 이 깃털 달린 친구가 축복이 가득하고 친밀하며 나눔을 실천하는 성탄절 축제 분위기와 연관되는 것은 우연이 아닙니다.

울새는 우리에게 평안이라는 치유력을 가져다주며, 서로를 평안하게 해주는 것이 얼마나 중요한지 알려주고, 다른 이들과 공감하도록 격려합니다. 우리가 연민을 담아서 행동하면 삶이 감사라는 선물로 보답한다는 것을 이 새를 통해 알 수 있습니다.

의식을 깨우는 질문

- 존재한다는 것만으로 큰 기쁨을 느끼나요?
- 어려움에 처한 사람을 보면 연민을 갖고 돕나요? 아니면 외면하나요?
- 누군가를 진정으로 위로할 수 있나요? 다른 사람의 위로를 받아들일 준비가 되어 있나요?
- 하나의 문이 닫히면 항상 또 다른 문이 열린다는 것을 믿나요?

독수리
영혼의 힘

"시야를 넓히세요, 그러면 우주의 장엄한
계획을 목격하게 될 것입니다."

태곳적부터 이 맹금류는 영적인 힘과 관련
되어 있었습니다. 사실 독수리는 우리가 날
개를 펴고 세상 위로 높이 날아올라 영혼의
위대함을 체험하도록 초대합니다. 많은 사람
들이 이 존재를 토템 동물로 두길 무척이나
갈망했습니다. 두말할 것 없이 독수리는 하
늘의 통치자이며 지상에 사는 동안에도 영혼
과 소통할 수 있는 능력을 나타냅니다. 독수
리는 자유, 기품, 개방성, 그리고 확장의 상징
입니다. 이 모든 속성은 깊은 내적 성장 과정
을 통해 얻은 것입니다.

전사와 지도자들은 독수리 깃털로 머리를
장식했습니다. 예전부터 지금까지 독수리 깃
털은 예민한 몸을 치유하고 뼛속까지 정화하
는 주술 도구로 사용되어 왔습니다. 아메리
카 원주민에게 독수리는 '위대한 영혼'이 존재
한다는 징표였기에, 숭배의 대상이자 매우 존
경하는 존재였습니다.

독수리는 사물 전체를 단일한 시각으로 명확하게 보려면 얼마나 높이 올라가야 하는지 이야기합니다. 독수리는 푸른 하늘에 공기가 맑은 높은 산에 둥지를 틉니다. 그리하여 우리의 계획이 발전하기에 적합한 환경에서 그 계획을 낳고 키우는 것이 얼마나 중요한지 보여줍니다. 새로운 아이디어를 품어주는 적절한 환경이 없다면 어떻게 그것이 세상에 나올 수 있을까요?

고대 그리스 신화에서 독수리는 제우스와 연관됩니다. 제우스는 독수리의 모습으로 변신하여 인간들 앞에 나타났지요. 태양을 바라볼 수 있는 능력 때문에 기독교에서는 이 새가 부활과 연관되며, 사도 요한을 나타냅니다. 사도들을 상징하는 동물은 가장 강한 동물로 여겨집니다.

의식을 깨우는 질문

- 당신 안의 신성을 느끼나요?
- 당신은 영적인 에너지와 연결되어 있나요?
- 당신이 생활하는 공간은 새로운 계획을 발전시키기에 적합한가요?
- 당신 자신의 빛과 다른 이들의 빛을 받아들일 수 있나요?
- 때때로 폭넓게 이해하기 위해 시야를 넓히려고 노력하나요?

갈매기
무심함의 힘

"삶을 믿어보세요.
틀에 갇힌 생각에서 벗어나
자유를 받아들이세요."

해변에서 활발하게 날아다니는 이 커다란 새는 도시와 내륙에 적응해서 사는 데에 도가 텄지요. 갈매기는 주로 강이나 수로가 있는 장소에서 볼 수 있습니다. 이 새는 우리에게 무심함이라는 치유력을 가져다줍니다. 그리고 어떻게 무심한 경지에 이를 수 있는지도 설명해 주지요. 갈매기들이 알려주는 무심함은 걱정도 무언가를 책임질 부담도 없는 자유로운 마음이라고 할 수 있어요.

갈매기는 경쾌하면서도 느리고 우아한 비행을 통해 삶이 우리에게 던지는 문제에 적응하고, 너무 많은 것을 바라거나 기대하지 말라고 말합니다. 그러면 우리는 무심한 경지에 이르러 자유로운 영혼이 될 수 있다고 강조합니다.

낚시하기 어려울 때는 어선에 올라 먹이를 얻어먹고, 폭풍이 지나간 뒤 바다가 텅 비었다면 사람들이 버린 음식을 먹으면 그만입니다. 갈매기는 우리에게 현실에 잘 적응하고 융통성 있는 태도에서 무심함을 배울 수 있다는 것을 알려줍니다. 단방향 도로처럼 하나의 방향만 있다고 재단하는 경직된 생각과 신념을 버려야 무심한 경지에 이를 수 있습니다.

갈매기는 열린 마음으로, 미지의 것을 찾아 모험을 떠나라고 권합니다. 당신이 필요한 것을 찾을 수 있다고 온전히 믿으면서요. 그 길에서 당신이 찾은 것이 당신이 원하던 것이 아닐 수도 있지만, 그것으로 충분할 것입니다. 계속 마음을 열어두세요. 무심함은 무관심이나 염려하지 않는 마음과는 다르답니다.

의식을 깨우는 질문

- 무심하게 살아갈 수 있는 여유가 있나요? 아니면 모든 것을 철저히 관리해야 한다고 생각하나요?
- 예기치 못한 상황에 적응할 수 있나요?
- 자신의 삶의 방식을 신뢰하나요? 아니면 삶을 통제하지 못할까 두렵나요?

금눈쇠올빼미
밝게 빛나는 시선의 힘

"어둠에 스며들어
빛을 움켜쥐면 그곳에서
빛을 찾을 수 있을 거예요."

위대한 어머니 대지와 연결된 달의 생명체인 이 새는 불굴의 정신과 야생의 본성을 구현하며, 창조와 파괴의 능력을 동시에 가지고 있습니다. 어둠과 밤에 가깝다는 것은 이 작은 올빼미가 두 가지 의미를 지닌 동물임을 말해줍니다. 이 새는 눈빛을 번쩍이며 지혜와 지식이라는 선물을 가져다주며, 이러한 선물은 이 세계와 생명의 법칙을 깊이 이해하는 이들이 차지합니다.

금눈쇠올빼미는 죽음과 관련된 새여서 종종 묘비에 새겨집니다. 금눈쇠올빼미는 어두움에 가려진 것조차도 명확하게 볼 수 있습니다. 이 새는 숨겨진 것과 보이지 않지만 존재하는 것을 두려워하지 않습니다.

이 새의 지혜는 합리적이며, 예리하고 주의 깊으며 기억력이 뛰어난 정신의 결과물입니다. 고대 그리스에서 이 생명체는 '글라우코피스(Glaukopis)', 즉 '밝게 빛나는 시선'이라고 불렸습니다.

금눈쇠올빼미는 전략과 철학, 지혜의 여신인 아테나를 상징합니다. 이런 연관성 때문에 금눈쇠올빼미의 학명은 '아테네 녹투아(Athene Noctua)'입니다.

이 새는 어둠에 감춰진 빛에 집중해 신성하고 초자연적인 모든 것을 포착하라고 말합니다. 또한 부주의하게 행동하다 혼란에 빠져 우유부단해지지 말라고 충고합니다.

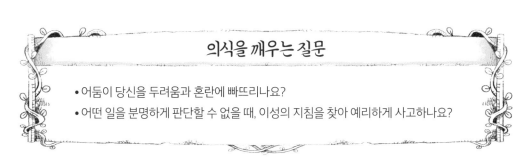

의식을 깨우는 질문

- 어둠이 당신을 두려움과 혼란에 빠뜨리나요?
- 어떤 일을 분명하게 판단할 수 없을 때, 이성의 지침을 찾아 예리하게 사고하나요?

큰 올빼미
열린 직관의 힘

"직관이 열려 있다면
모든 것이 명확합니다. 그렇기에
무수히 많은 문이 놓여 있더라도
올바른 문을 선택할 수 있답니다."

금눈쇠올빼미처럼 큰 올빼미도 밤의 동물 중 하나입니다. 남의 눈에 띄지 않고 비행하는 능력 덕분에 큰 올빼미는 마녀와 마법사들의 협력자가 되었습니다.

동화와 판타지 영화에서 이 새는 종종 현명한 도우미이자 조언자로 묘사됩니다. 하지만 일반적인 종교 전통에서 이 새는 부정적인 의미를 지닙니다. 마녀와 마법사들이 올빼미로 위장한다고 믿었고, 그들이 악령의 협력자라고 생각했지요. 그래서 이 새는 나쁜 징조로 여겨졌습니다.

큰 올빼미는 낮에는 주변 환경과 완벽하게 어우러져 보이지 않으며, 밤에는 모든 소리를 감지하며 어둠 속에서 조용히 활강합니다. 큰 올빼미는 항상 주변을 주시하며 경계

를 늦추지 않습니다. 이 새의 본능적인 경계
심이 우리 내면에 전하는 치유력, 그것을 우
리는 직관이라고 부릅니다. 그 힘이 우리 내
면에서 발휘될 때, 우리는 애쓰지 않아도 그
냥 알게 됩니다. 진실은 확고하며 우리 눈앞
의 햇빛처럼 선명하기 때문이죠. 이를 깨달음

으로써, 우리는 삶에서 일어나는 다양한 일들
의 내막을 엿볼 수 있습니다. 그 누구도 그 무
엇도 우리를 속일 수 없습니다.

큰 올빼미가 당신의 힐링 애니멀이라면,
당신을 이끄는 것은 직관입니다. 당신은 직관
을 믿고 그 힘을 받아들이기만 하면 됩니다.

의식을 깨우는 질문

• 자신의 직관을 믿나요? 아니라면, 아직 치유되지 않은 당신의 영혼 속 상처는 무엇
  인가요?

• 진실을 발견하는 능력을 어떻게 활용하고 있나요?

• 밤이라는 미지의 상징은 당신에게 위협인가요? 아니면 기회인가요?

매

조상이 내린 힘

"혹시 진정한 자신을 잊어버렸나요?
큰 소리로 외쳐보세요.
깨어나게 될 것입니다."

매는 우리가 때때로 감정에 사로잡혀 삶의 균형을 잃었을 때 상황을 명확하게 이해하고 빠르게 다시 감정을 통제할 수 있도록 우리를 독려합니다. 이 새는 우리 선조들이 보낸 전령이며, 가문의 지혜로운 뿌리로부터 경험과 지식의 줄기는 무수하게 갈라져 뻗어 나갑니다. 매가 우리에게 다가오면 잠시 숨을 고르고 감정적으로 얽힌 상황에서 벗어나야 합니다. 그리고 우리 선조들이 대지의 깊은 곳과 저 높은 별자리에서 우리에게 보내주는 조언을 들어야 합니다.

선조들은 매를 대지와 하늘 두 세계를 오가는 여행자이자, 우주의 영적 힘의 상징으로 여겼습니다. 그래서 헤르메스, 호루스, 아폴론, 오딘, 프레이야 등 여러 신과 매가 연관되었다고 생각했지요. 페르시아 신화에서 지구에 생명의 나무 씨앗을 퍼뜨리는 새인 시무르그(Simurgh)도 매이며, 불멸의 음료인 소마(Soma)를 이 세상으로 가져오는 인도 신화 속 새 시에나(Shyena)도 매입니다. 고대 이집트에서는 모든 원소를 통제하고 태양의 창조적인 힘과 연관된 신 호루스가 매의 머리를 지닌 것으로 그려졌습니다.

매는 우리 영혼이 가진 힘과 용기를 상기시킵니다. 또한 다른 사람들의 주목과 인정을 구걸할 필요가 없다는 사실도 되새겨 줍니다. 우리 스스로를 주목하고 인정할 때 자신의 내면을 드러내어 다른 사람들에게 표현할 수 있다는 것을 알려줍니다. 매가 찾아오면 당신을 격려하러 왔음을 알아야 합니다. 매는 당신에게 솔직하게 자신을 인정하고, 자신의 장점과 가치를 최대한 존중하라고 충고합니다.

의식을 깨우는 질문

- 현실을 잊을 정도로 당신을 사로잡고 있는 것은 무엇인가요?
- 삶이 당신에게 가져다주는 것에 능동적이고 의식적으로 반응하나요?
- 선조의 지혜를 존중하나요?
- 당신의 영혼이 말하는 지혜에 귀 기울일 수 있나요?

제비
부활을 알리는 힘

민첩하고 자유로우며, 우아한 검은 깃털을 지닌 제비는 봄의 귀환을 알리는 새입니다. 이 새가 더 다채롭고 화려한 색상으로 차려입지 않고 검정 옷을 선택한 것은 좀 의외입니다. 검정은 권위, 힘, 내적 중심을 찾는 능력을 상징합니다. 검정 옷을 입은 제비는 자연에게 자신의 모든 본질을 표현하도록 지시하는 오케스트라 지휘자와 같습니다. 자연은 제비의 지휘에 따라 모든 노래와 소리로 탄생과 부활(삶의 시작과 변화)에 경의를 표합니다.

이 생명체는 세계 곳곳을 여행하면서 얻은 경험이라는 치유력을 전달하는 중요한 역할을 합니다. 이 새는 어떤 전환 또는 변화의 경계에서 우리에게 길을 열어주고 어둠에서 빛으로 인도합니다. 둥지에서 세상으로, 자궁에서 삶으로 우리를 이끕니다.

제비의 등은 검은 깃털 망토로 뒤덮여 있습니다. 가슴은 더 밝은 색을 띠며 빨강과 파랑으로 장식되어 있습니다. 하늘에서 제비를 발견하면 우리는 마음이 열리고 미소가 번지며 기쁨에 물든 표정이 됩니다. 태양은 다시

"만물은 죽고 다시 태어납니다. 이 지혜를 마음으로 받아들이세요, 그러면 기쁨을 온전히 품을 수 있습니다."

따뜻해지고 보석처럼 찬란한 꽃이 피어나며, 공기는 꽃향기로 가득 찹니다. 벚나무는 분홍빛으로 물들고 푸른빛 이파리는 새로운 생명으로 숨 쉽니다.

무리를 지어 긴 여정에서 돌아오는 제비는 탄생과 부활의 새로운 주기에서 깨어나는 자연을 상징합니다. 기독교인에게 제비는 그리스도의 부활을 상징합니다. 아르메니아의 전설에 따르면 그 기적을 목격한 것이 바로 제비였습니다. 제비는 이집트 신화 속 이시스(Isis) 여신의 상징이기도 합니다. 이시스 여신은 죽은 남편 오시리스가 저승에서 돌아온다는 소식을 제비를 통해 알렸습니다. 선원들에게 이 새는 육지, 즉 고향으로 돌아갈 수 있다는 희망을 상징합니다. 그래서 영국 선원들은 적도를 건넌 후에 몸에 제비 문신을 하기도 했습니다.

의식을 깨우는 질문

- 겨울이 지나면 언제나 봄이 올 거라는 것을 믿나요?
- 당신을 둘러싼 환경이 당신의 행복을 위협할 때, 당신의 영혼에 도움이 되는 환경으로 이동할 수 있나요?
- 당신은 새로운 시작의 기쁨을 가족들과 함께 나누나요?

비둘기
평화의 힘

의식을 진행하는 여사제처럼 흰 예복를 입은 비둘기는 순수와 고결, 진실과 평화를 상징합니다. 페니키아어로 이 새의 이름은 '여사제'를 의미하며, 많은 신화에서 이 신성한 동물이 신탁을 전하며 예언하는 힘을 지니고 있다고 이야기합니다. 비둘기는 수 세기 동안 무녀(巫女) 시빌라, 비너스 여신, 막달라 마리아와 관련된 동물로 여겨졌으며, 델포이의 신탁에 다가갈 수 있는 유일한 동물이었습니다.

기독교에서는 성령의 상징으로 격상되었

"나는 내 안에 존재하는 여신께 나를 맡기고, 언제나 나의 신성함을 인식할 수 있게 인도해 달라고 여신께 청합니다."

습니다. 흰 비둘기는 잎사귀가 난 올리브 나무 가지를 가지고 노아의 방주로 돌아와서 물이 빠지고 육지가 드러난 것을 확인시켜 주었

습니다.

비둘기는 영혼의 기쁨, 믿음, 평화의 전조인 천상의 사랑을 상징하며 우리가 신성한 곳에서 왔음을 상기시킵니다. 비둘기는 우리의 내면에 존재하는 순결함과 순수함으로 우리를 초대합니다. 우리 안에 있는 평화의 사제를 깨워, 진실하고 정직하게 행동하여 신의 은총과 함께하라고 충고합니다. 이 새는 우리에게 하늘과 땅 사이의 다리가 되어 우리 안에서 이 두 현실의 조화를 이루고, 이 땅에 사는 동안 평화를 찾으라고 말합니다. 진실을 듣고 전하라고 우리에게 권합니다. 우리는 진실을 전하기 위해 육체를 입고 이 행성에 태어난, 선택받은 영혼이기 때문입니다.

의식을 깨우는 질문

- 당신이 천국과 지상을 잇는 다리라고 생각하나요?
- 어려운 상황에서도 당신 안의 온전함과 순결함, 평안함을 잃지 않나요?
- 당신이 신성한 존재라는 것을 알고 있나요?
- 당신의 내면에 존재하는 사제를 일깨워 본 적이 있나요?

벌새
삶을 향한 욕망의 힘

날갯짓을 하면서도 공중에서 제자리에 머무를 수 있는 벌새는 지금 이 순간을 충만하게 느끼며 삶의 기쁨을 경험하는 것이 얼마나 멋진지 보여줍니다. 벌새에게 과거나 미래는 없으며 오직 영원한 현재만이 존재합니다. 이것을 깨닫는 순간 벌새의 치유력이 우리 내면에 전달됩니다.

벌새는 꽃의 꿀을 먹고 삽니다. 꽃의 꿀은 과일 다음으로 큰 행복감을 주는 음식이지요. 이것만이 벌새에게 삶의 기쁨과 에너지를 줍니다. 음식이 우리의 기분에 영향을 미친다는 비밀은 이렇게 벌새를 통해 드러납니다. 이 새는 아름다움을 인식하고, 사랑하고 원하며 그 최고의 행복감을 퍼트림으로써 아름다움을 세상에 가져옵니다.

벌새는 삶은 선물이니 우리가 마음을 열고 감사하며 살아가도록 격려합니다. 인간으로 이 땅에서 살아가는 것은 당연한 일이 아닙니

"살아 있음을 느끼며
삶의 선물을 즐기는 것보다
멋진 일은 없습니다."

다. 이것은 선물입니다. 이 사실을 깨닫고, 열린 마음으로 우주의 모든 창조물이 저마다 지닌 경이로움을 받아들여야 합니다.

벌새는 이 땅에서 신성한 풍요로움을 만끽하는 방법을 보여주며, 우리 본능에 내재된 자유를 존중하도록 격려합니다. 벌새는 새장에 갇히면 바로 죽을 겁니다. 이는 우리가 억눌리거나 무언가를 강요당하고, 공감할 수 없는 무언가를 해야 할 때 삶에 대한 욕망조차 사라져 버린다는 것을 보여줍니다.

의식을 깨우는 질문

- 당신은 자신이나 다른 사람에게 사랑을 자유롭게 표현할 수 있나요? 그렇지 못하다면 무엇이 당신을 억누르는 걸까요?
- 아름다움을 어떻게 받아들이는지 알고 있나요? 스스로 아름다움을 만들고 공유할 수 있나요?
- 자신이 기쁨을 누릴 자격이 있다고 생각하나요? 아니면 기쁨을 느끼는 순간 죄책감이 들어 기쁨을 억누르나요?

찌르레기
소통의 힘

찌르레기는 능숙하게 소통합니다. 실제로 찌르레기의 아름다운 노래는 여러 가지 기능을 합니다. 주로 해가 뜰 때와 질 때에 찌르레기의 울음소리를 들을 수 있는데, 그 소리는 밤이 오기 전에 하루를 열고 닫는 듯합니다. 찌르레기의 듣기 좋은 노래는 낮과 밤이 바뀌는 순간을 표현합니다. 시인과 작사가들은 그런 찌르레기의 노래를 예찬했지요.

찌르레기의 노래를 들으며 우리는 단어를 조합하여 이야기를 나누고, 질문하고, 설명하고, 칭찬하고, 기도하고, 창조하고, 갈등을 해결할 수 있다는 것을 되새기게 됩니다.

여러 방법으로 소통할 수 있지만, 찌르레기는 언어적 소통에 주목하게 합니다. 언어적 소통은 매우 강력한 도구입니다. 언어적 소통으로 인해 화합을 이룰 수도 불화가 생길 수도 있으니까요. 이 동물은 능숙하게 소통하려면 먼저 잘 들어야 한다는 것을 알려줍니

다. 자신의 감정과 욕구가 무엇인지 잘 들어야 함은 물론이고 다른 사람들의 감정과 욕구에도 귀 기울여야 합니다. 내면의 감정에 귀 기울이지 않고서 어떻게 소통할 수 있을까요? 다른 사람들의 감정에 귀 기울이지 않고서 어떻게 다른 사람들을 이해할 수 있을까요?

찌르레기는 사색가, 철학자, 자신의 목소리와 말로 자아를 표현하는 예술가와 연관됩니다. 찌르레기는 이미 쓰인 대본을 외우는 것에 그치지 않고 새로운 대본을 만들며, 즉흥적인 것을 받아들일 줄 알고, 현실의 새로운 면모를 조명할 수 있는 창작자들과 함께합니다. 우리 안에 있는 창조력으로 인해 영감을 받으면, 창조의 신성한 근원과 직접 소통할 수 있습니다.

켈트족은 여신 리아논(Rhianon)의 찌르레기 세 마리를 숭배했습니다. 이 찌르레기들은 생명의 나무에서 산 자와 죽은 자 사이를 오가며 메시지를 전달했다고 합니다.

의식을 깨우는 질문

- 말이 현실이 되는 것의 엄청난 힘을 인식하고 있나요?
- 당신의 의사소통에는 문제가 없나요?
- 공감적 의사소통(empathetic communication)과 비폭력 대화(non-violent communication, NVC)에 대해 들어본 적이 있나요?

반딧불이
빛나는 내면의 힘

"자신을 어둠 속에 숨기지 않고도
다른 사람들을 밝힐 수 있습니다."

반딧불이는 항상 밝게 빛나는 내면의 빛을 의미합니다. 이 빛은 우리의 기원을 보여주며, 자신을 내어주는 행위로 표현됩니다.

이 생명체를 만나는 순간 우리는 대지의 마법, 요정과 작은 인간의 세계와 바로 연결됩니다. 반딧불이는 우리를 꿈과 동화 같은 완전히 다른 차원의 세계로 안내합니다. 그곳은 아이들이 상상하는 것처럼 모든 것이 가능하고 현실이 되는, 마법 같은 곳이지요. 누구든 자신 안의 마법을 일깨우기 위해 뜨거운 여름날 저녁 반딧불이를 찾으려 할 겁니다.

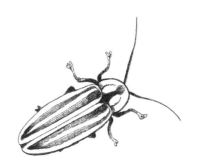

반딧불이가 스스로 내는 빛은 산화 과정에서 일어나며, 짝을 유혹하는 동시에 포식자로부터 자신을 지키는 데 사용됩니다. 그리하여 반딧불이는 우리 내면의 빛을 사용하여 우리가 주변을 어떤 사람들로 채우고 싶은지, 누구 혹은 무엇과 함께하고 싶은지 의식적으로 선택하라고 합니다. 또한 누구로부터 자신을 보호해야 할지를 명확히 알아야 할 때도 내면의 빛을 사용할 수 있음을 알려줍니다.

반딧불이는 우리가 화려하거나 위엄을 갖추기보다는 소박하며 오만하지 않은 방식으로 빛나기를 권합니다. 또한 항상 내면의 마법과 영혼의 경쾌함을 잃지 않기를 권합니다.

고대 로마에서 반딧불이는 균형과 조화를 가져오는 존재, 디아나 여신의 전령이었습니다. 디아나 여신은 달을 상징해 '빛을 가져오는 여인'이라는 뜻의 '루키나(Lucina)'로 불리기도 했습니다.

의식을 깨우는 질문

- 자신이 스스로 빛나도록 하나요? 자연스럽게 빛나게 하나요, 아니면 곧 아물어서 사라질 상처처럼 덧없는 것을 과시하나요?
- 자신이 스스로 빛난다는 것을 부정하나요?
- 삶을 좀 더 경쾌하고 더 즐겁게 만들어줄, 내면의 꿈과 같은 면을 간직하고 있나요?

벌
풍요의 힘

"당신이 사랑하는 일에 헌신하면
풍요는 자연스럽게
당신을 통해 흐를 거예요."

이 날아다니는 생명체는 신화, 상징, 예술, 여러 종교에서 주목받았습니다. 벌들의 생활 방식은 완벽한 위계질서를 가진 모계 중심 공동체의 전형입니다. 벌집의 각 구성원은 자신의 역할에 따라 부여받은 권한을 책임감 있게 받아들이고 자신의 임무를 수행합니다. 그럼으로써 공공의 이익을 위해 일하고 풍요와 번영을 만들어냅니다.

벌들은 자신들의 세계에서 자신의 위치를 받아들이고, 삶의 진보에 조화롭게 기여합니다. 여왕벌은 위대한 모성의 상징이며, 모든 딸을 낳는 다산하는 어머니의 원형입니다. 일

벌은 근면함, 성실함, 섬세함, 현명함, 친절함 그리고 보호의 상징입니다. 벌은 우리에게 협력과 협업을 권합니다. 모든 형태의 개인주의를 버리고 공동체를 우선시하라고 말하지요.

고대 이집트인은 벌이 태양신 라(Ra)의 눈물에서 태어났다고 생각했습니다. 고대 이집트인에게 벌은 영혼과 순수함의 상징이었고 꽃가루받이를 도와 열매를 맺게 하므로 대지를 비옥하게 하는 황금색 햇빛에 비유되기도 했습니다.

꽃가루받이를 돕고 꿀, 로열젤리, 프로폴리스, 밀랍을 생산하는 벌은 항상 가치 있는 동물로 여겨졌습니다. 벌은 음식과 치료제, 의식 도구 등 선사 시대부터 인간이 이용해 온 소중한 선물을 제공했지요. 스페인 알타미라 동굴 벽화에서도 이를 잘 볼 수 있습니다.

의식을 깨우는 질문

- 삶의 달콤함을 즐기는 법을 알고 있나요?
- 당신은 공동체에 협력하며, 더 큰 선을 위해 일하고 있다고 생각하나요?
- 당신에게 생명을 준 어머니를 존경하나요?
- 열린 마음으로 풍요를 받아들일 수 있나요?

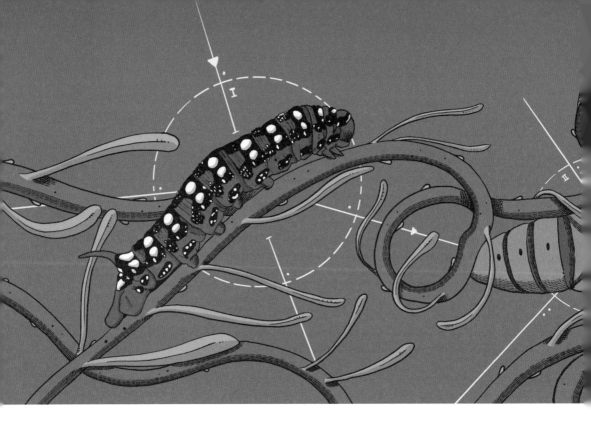

나방
집중의 힘

달빛에 이끌린 나방은 어두운 밤을 가로질러, 더 강렬한 빛에 드러난 방향으로 대담하게 나아갑니다. 나방은 달의 동물이며, 밤의 나비입니다. 한 존재가 다른 존재로 전환되는 시간의 경계선 위에 나방이 존재합니다.

나방은 도시 환경에서 인공 조명, 특히 밝은 백열등 불빛을 따라가다가 종종 죽음을 맞이합니다. 따라서 이 동물은 우리에게 경각심을 불러일으킵니다. 우리는 집착하기 쉬운 것에 현혹되지 말아야 하며, 비판적이고 논리

적인 태도를 잃어서는 안 됩니다. 이 생명체는 우리의 현실과 한계, 가능성과 자원이 무엇인지 잊지 않고 목표를 향해 끈기 있게 나

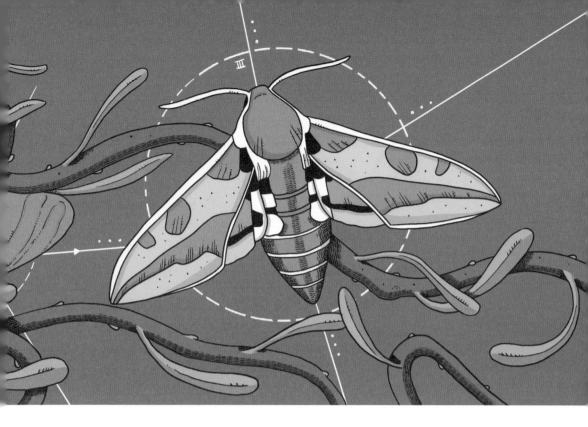

아갈 수 있도록 격려합니다. 끈기를 가지고 포기하지 않으면 아무리 큰 목표라고 해도 이룰 수 있습니다. 나방은 그 목표를 달성할 수 있도록 인도해 줄 것입니다.

나방은 우리 자신을 일깨울 수 있는 것을 찾도록 이끌어 주며, 우리의 내면을 탐구하고 변화시키도록 격려합니다. 우리 안의 모든 것과 현재 상태에 깊이 영향을 주는 것을 변

화시키라고 말합니다. 이 동물은 모든 일에서 긍정적인 면과 감춰진 교훈을 찾을 수 있다는 것을 알려줍니다. 이 교훈은 한번 드러나면 매혹과 마법, 놀라움이 되지요.

나방은 공기의 정령, 죽은 이의 영혼, 장막의 저편에 살며 보이지 않지만 존재하는 것들과 연결되어 있습니다.

의식을 깨우는 질문

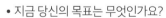

- 지금 당신의 목표는 무엇인가요?
- 실현 가능한 목표에 집중하나요, 아니면 이룰 수 없는 환상에 집중하나요?
- 명확한 목표가 있을 때 끈기 있게 목표를 향해 나아가나요? 아니면 항상 더 이상 나아갈 수 없는 막다른 길에 이르게 되나요?

나비
변신의 힘

"꿈꿔요, 그리고 창조적으로 살아요."

나비는 창조적인 힘과 영감, 아이디어의 세계와 연결되어 있어요. 날아가는 나비를 보면 그 순간 어떤 직관이나 새로운 아이디어가 떠오르는 것도 그런 이유에서지요.

하얀 나비는 사랑과 긍정의 힘을 전하는 수호천사의 전령이기도 합니다. 하얀 나비가 선사하는 우아함과 고요함 덕분에, 세상을 떠난 사랑하는 이들이 우리 곁에 있음을 느끼게 됩니다.

나비의 변태 과정의 여러 단계는 창조 과정과 공통점이 있습니다. 유충 단계는 시작에 해당합니다. 영감이 막 떠오른 순간에는 아이디어가 머릿속에 넘쳐흐르지만 아직 나아갈 방향이 명확하지 않습니다. 애벌레로 변태하는 과정은 무엇을 할지 선택하는 단계입니다. 아직 어떻게 해야 할지 구체적인 방법을 모르더라도 말이죠.

애벌레에서 번데기로 바뀌는 시기는 홀로 자신의 자아에 귀 기울이는 시간에 해당합니다. 이 단계에서 아이디어는 프로젝트로 발전합니다.

마지막으로, 나비로의 변태는 프로젝트의 실행을 나타냅니다. 우리가 창조한 것이 지구상에서 형태를 갖춘 순간은 나비가 날 준비를 마친 것과 같습니다. 이러한 각 단계에서는 헌신, 돌봄, 믿음, 수용이 필요합니다. 여기에서 말하는 수용은 실패할 가능성까지 받아들이는 것입니다. 애벌레가 겸손하지 못하고 변태를 위해 필요한 리듬을 받아들이지 못한다면, 결코 나비로 변하지 못하고 하늘을 나는 자유를 누릴 수 없을 것입니다.

창조로 가는 길은 목표에 도달하기 위해 거쳐야 할 과정과 존중해야 할 시간으로 이루어진다는 것을 나비는 우아하게 가르쳐줍니다.

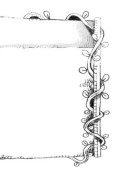

의식을 깨우는 질문

- 당신의 욕망에 따른 창조적인 과정은 어느 단계에 있나요?
- 새로운 아이디어에 마음이 열려 있나요?
- 어떤 믿음, 습관, 가족 관계가 당신을 주저하게 만드나요?
- 당신의 비상을 위해 어떤 변화가 필요한가요?

매미
매혹적인 사랑의 힘

"당신만의 목소리를 찾아요, 그리고
그 목소리로 노래가 흘러나오게 두세요."

플라톤에 따르면 매미는 원래 인간이었으나 뮤즈들의 노래에 빠져 자신의 기본적인 욕구를 돌보는 것조차 잊었다고 합니다. 결국 그들은 세상을 떠나게 되었습니다. 음악을 찬양하기 위해 창조된 뮤즈들은 그들을 매미로 변신시켜 지상에 내려보냈고, 최면 상태로 끊임없이 노래 부르게 했습니다.

그리하여 매미는 노래, 음악, 황홀경의 상징이자 모든 이성을 놓게 만드는 열병 같은 사랑의 상징이 되었습니다. 이런 사랑에 빠지면 마치 최면에 걸린 듯 사랑하는 이의 매혹적인 힘에 복종하게 되죠.

저에게 매미는 여름과 시골의 더위를 상징합니다. 또한 제 고향 남부 이탈리아의 소나무 숲을 떠올리게 합니다. 저는 항상 매미 소리가 좋았습니다. 매미 소리를 들으면 편안해집니다. 어수선한 마음과 덧없는 생각이 정리되기 때문이지요.

매미는 몇 년 동안 땅속에서 유충으로 살다가, 일제히 나무에 기어올라 변태를 마칩니다. 금빛 겉껍질을 나무껍질 위에 벗어버리지요. 몇 달 동안 매미는 하늘과 땅 사이에서 삽니다. 수컷은 암컷을 유혹하는 주문 같은 소리를 내뿜으며 끊임없이 노래합니다. 매미가 나무껍질에 알을 낳고, 알에서 나온 유충이 떨어져 땅속으로 들어가면, 성충은 모두 함께 죽습니다. 마치 빛 속에서 함께 나타났던 것처럼요.

『이솝 우화』에서 매미는 게으르며 생존에 신경 쓰지 않는 모습으로 그려집니다. 그래서 현명하지 못하고 현실적이지 않다는 비난을 받지요. 어떤 이들은 아직도 이런 시각으로 예술가를 바라봅니다. 하지만 예술은 쓸모없는 활동이 아니라 영혼을 위한 순수한 양식이라는 것을 우리는 알고 있지요.

의식을 깨우는 질문

• 당신은 언제든 자유롭게 노래할 수 있나요?

• 당신은 어떤 방식으로 창조적이고 예술적인 작업을 하고 있나요?

• 자신을 돌보지 못할 정도로 열정적인 사랑을 할 수 있나요?

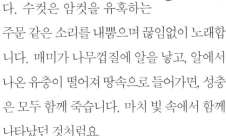

잠자리
꿰뚫어 보는 힘

"착각을 피해 걸어가세요,
착각은 홀연히 사라지고
제약 없는 자유가 드러날 것입니다."

잠자리는 우리를 자유롭고, 감정적으로나 신체적으로나 균형 잡힌 상태로 이끄는 통찰력을 가지고 있습니다. 이 힘을 가지려면 우선 주의 깊은 관찰이 필요하다고 말합니다. 이를 통해 우리는 스스로 만들어내는 착각과 거짓을 걷어버릴 수 있습니다.

착각에서 벗어나려면 관찰만으로는 충분치 않습니다. 우리의 내면이 어떻게 움직이는지를 연구하며 의식적으로 관찰해야 합니다. 우리는 인식하는 것만 볼 수 있기 때문입니다. 착각은 결핍으로 인한 투사(채울 수 없는 자신의 욕구를 다른 것의 탓으로 돌리는 것)와 욕망 그리고 고통의 결과입니다. 착각은 우리가 현실을 직시하는 것을 방해하여 그 아름다움을 만끽하지 못하게 만듭니다.

이 우아한 곤충은 360도의 시각으로 사물을 정확히 볼 수 있습니다. 따라서 적절한 시기에 원하는 목표에 집중할 수 있습니다. 잠자리는 멀리 내다보며 주의 깊고 결단력 있는 면모를 지닙니다. 잠자리의 결단력은 정확하게 보는 능력이 낳은 결과입니다.

잠자리의 우아함과 민첩함은 종종 요정과 연관됩니다. 요정은 잠자리의 오색 날개를 지닌 것으로 묘사되지요. 잠자리는 일본을 포함한 여러 문화권에서 행운을 상징합니다.

그러나 잠자리와 연관된 부정적인 특징도 있습니다. 예로부터 유럽에서 잠자리는 마녀와 사탄과 관련이 있다고 여겼기 때문에 혐오의 대상이었습니다. 아메리카 원주민 전설에 따르면, 잠자리는 원래는 마법의 용이었는데 코요테를 속이기 위해 오늘날 우리가 알고 있는 곤충의 형태로 변했고, 여전히 그 모습으로 살아가는 것이라고 합니다.

의식을 깨우는 질문

• 어떤 상황에서든 명확하게 볼 수 있나요?
• 착각이라는 것을 인지하고 정의할 수 있나요? 착각 뒤에 있는 현실을 볼 수 있나요?
• 목표가 명확해지면 그 목표에만 집중할 수 있나요?

박쥐
두려움을 극복하는 힘

미술, 문학, 전설에서 박쥐의 날개는 악마와 흡혈귀의 상징이었으며, 마녀의 큰 가마솥에 결코 빠지지 않는 재료였습니다.

박쥐는 항상 그들이 서식하는 어둠과 죽음, 악마와 연관 지어져 왔습니다. 박쥐는 깃털이 아닌 막으로 이루어진 날개를 가진 작은 포유류입니다. 박쥐는 시력이 아닌 초음파를 사용하여 어둠 속에서 움직입니다.

저는 어릴 적에 박쥐가 머리카락에 엉킬 수 있으니 조심하라는 경고를 듣곤 했습니다. 지금은 그것이 미신이었다는 것을 알지만, 당시에는 믿었지요.

아직도 저녁에 고향의 거리에서 느꼈던 두려움을 생생하게 기억합니다. 항상 박쥐들이 그 거리를 빙빙 돌아다녔거든요.

강한 힘을 가진 박쥐는 우리가 두려움을 극복할 수 있도록 격려합니다. 박쥐가 우리 내면의 어둠 속을 날아다니는 것은 사실 두려움을 가까이에서 살펴보도록 우리를 부르는 것입니다. 관점을 박쥐처럼 바꾸면, 우리는 새로운 시각을 얻어 자신의 능력을 확신할 수 있습니다. 박쥐는 우리에게 파울로 코엘료가 말하는 "영혼의 어두운 밤"을 건너는 입문 의식에 관해 이야기합니다. 그리고 죽음이 우리에게 자신의 모습을 드러내려 한다면, 그것은 무너진 자존감과 불신, 무력감으로 점철된 우리 과거의 일부분일 뿐입니다. 내면의 웅크린 희생자를 제물로 바치면 슈퍼히어로가 탄생합니다. 배트맨이 박쥐 날개를 가지고 있는 것도 우연이 아니지요.

의식을 깨우는 질문

- 당신은 자기 삶의 주인공인가요?
- 당신을 두렵게 하는 것이 당신이 거쳐야만 하는 입문 의식이라고 생각하나요?
- 두려움을 다룰 수 있나요? 두려움의 정체를 알고 싶나요? 두려움의 원인이 무엇인지 이해하고 있나요? 당신이 느끼는 두려움이 진짜라고 생각하나요?
- 당신을 성장시킨 입문 의식을 이미 경험했나요?

무당벌레
운을 나누는 힘

모든 시대와 문화권에서 무당벌레는 행운, 번영, 풍요, 행복을 상징해 왔습니다. 아마도 무당벌레가 농작물에 피해를 주는 진딧물을 먹이로 삼기 때문이겠지요. 그래서 이전의 농경 사회에서는 무당벌레의 출현을 신의 섭리이자 길조로 여겼을 것입니다. 무당벌레는 여전히 작물을 해치는 해충을 잡는 천연 살충제로 사용됩니다. 정확히 말하면 무당벌레가 진딧물을 포식하기 때문이지요.

등껍질의 빨간색 때문에 이탈리아어로는 '코치넬라(coccinella, 진홍색을 뜻하는 라틴어 '코키누스coccinus'에서 유래)'로 불리는 이 작은 딱정벌레는 인간에게 중요한 동료였습니다. 인간이 작물을 길러 먹고 살 수 있게 해주었으니까요. 이러한 이유로 무당벌레는 프레이야, 헤라, 루키나, 성모 마리아, 그리스도와 같은 여러 신과 연관되었습니다.

어떤 전설에 따르면, 무당벌레는 죽음이 존재하지 않는 세계에 살던 거인의 피 한 방

> "모든 문제에는 해결책이 있으며, 해결책은 문제 안에 있습니다. 그렇지 않다면 문제 자체가 존재할 수 없겠지요. 당신의 마음을 따라 해결책을 찾아내세요."

울에서 태어났다고 합니다. 무당벌레는 거인에게 죽음의 이점을 가르쳐주어 피곤하고 지친 모든 이들이 쉴 수 있게 했습니다.

이 생명체는 공정함, 정의, 부활을 상징합니다. 무당벌레는 우리가 생명의 힘과 마음의 활기를 끌어내도록 이끕니다. 마음은 모든 비밀이 드러나고 모든 해결책이 나타나는 곳입니다. 무당벌레는 어떤 문제든 해결할 수 있는 열쇠가 우리 안에 있다고 말해줍니다. 우리는 그저 우리 안에서 울려 퍼지는 목소리를 따르면 됩니다. 그리고 나면 새로운 여정을 시작할 수 있을 겁니다.

의식을 깨우는 질문

- 자신이 운이 좋다고 생각하나요?
- 문제가 생겼을 때 우주의 기운이 도와준다고 느끼나요?
- 해결책을 찾는 편인가요, 아니면 문제에 매몰되는 편인가요?

황새
새로운 삶을 준비하는 힘

"기대하든 기대하지 않든,
새로운 것은 다가오며 새로운 균형,
새로운 시각, 그리고 우리 자신을
돌보는 새로운 방법을 가져옵니다."

어린 시절에 황새가 아기를 데려와 준다는 이야기를 들어봤나요? 이 전설은 동유럽의 나라들에서 기원했습니다. 동유럽에서는 봄에 황새가 아프리카에서 돌아와 연기가 피어오르는 굴뚝 위에 둥지를 짓습니다. 이때까지 난방하는 집은 주로 갓난아기가 있는 가정이었기에 아기와 이 동물 사이에 연관성이 생겼습니다.

사실 황새가 도시에 도착한다는 것은 둥지를 짓고 새끼를 낳을 것이라는 이야기입니

다. 황새는 삶이 제공하는 새로운 것을 받아들이고, 그것이 스스로 날 수 있을 때까지 보호하라고 권유합니다.

황새는 삶에서 새로운 것을 받아들이려면 그것을 품기에 적합한 둥지를 만들어야 한다고 충고합니다. 그리고 우리의 정체성을 온전히 지키라고 격려합니다.

이 커다란 철새는 고대부터 귀하게 여겨져 왔으며, 위대한 어머니 여신의 새이자 결혼과 자식 사랑의 상징이었습니다. 황새 한 쌍은

서로에게 충실하며, 커다란 둥지를 지어 그
곳에서 자식을 정성스럽게 돌봅니다. 황새의
자식도 부모가 늙었을 때 부모가 해준 것처럼
부모를 돌봅니다. 자식이 가져다주지 않으면
얻을 수 없는 먹이를 부모 황새에게 가져다주
지요.

　또한 황새는 뱀을 잡는 능력이 있었기 때
문에 고대 그리스의 테살로니키 사람들은 황

새를 죽이는 것을 범죄로
여겼습니다.

의식을 깨우는 질문

• 당신의 삶에서 새롭게 바꾸고 싶은 것은 무엇인가요?
• 당신에게 새로운 일은 스트레스인가요, 아니면 경험해 볼 만한 모험인가요?
• 당신은 새로운 것을 받아들이기 위해서 무엇을 포기할 수 있나요?

땅의 동물

땅에 속한 동물은 인간과 비슷한 다양한 특성을 가지고 있습니다.

이 동물들은 우리의 내면과 몸이 하나라는 깨달음을 전해줍니다.

또한 우리 몸을 귀중한 도구로 여기고 최선을 다해 다루며,

신전처럼 귀하게 여기고 그 안에 살아가라 말합니다.

배가 항구에 닻을 내리듯이 우리가 대지에 뿌리내리게 합니다.

그리고 우리의 몸을 우리라는 존재 자체의 영역이자 우리의 집,

우리의 어머니로 여기고 탐험해야 한다는 점을 상기시켜 줍니다.

땅의 동물은 인간이 그들처럼 땅에 속한 존재이기 때문에

동물적이고 현세적인 측면, 신체적이고 물질적인 측면에서

경험할 수 있는 것과 거기서 얻은 가르침을 우리에게 전합니다.

개미
목표를 향한 인내의 힘

의지, 결단, 인내와 연관된 이 작고 강인한 곤충은 장애물을 극복할 뿐만 아니라 우리의 목표를 추구하는 데 핵심 요소인 인내심을 보여줍니다. 즐거움을 손쉽게 얻으라고 부추기는 현대 사회에서 우리는 이 치유력이 절실히 필요합니다.

벌과 마찬가지로 개미도 계급 사회에서 생활하며 공동체의 안녕과 공동의 목표를 달성하기 위해 서로 협력합니다. 실제로 개미는 우리에게 팀워크, 협동, 무엇보다도 조직 체계가 얼마나 중요한지 가르쳐줍니다. 개미들은 아무것도 우연에 맡기지 않습니다. 그들은 계획을 세우고 관리하며 어머니 자연에 의지합니다. 개미들은 이렇게 자연을 신뢰하면서 인내를 실천합니다. 특히 겨울에 먹을 식량을 개미굴로 나를 때처럼 대단한 노력을 해야 할 때 말입니다.

고대 그리스 신화에서 개미는 전쟁의 신 아레스의 딸들이며 힘과 결단력을 상징합니다. 실제로 개미는 이 땅 어디에나 살며 모든

"당신이 한 걸음 내디딜 때마다 당신의 길이 만들어집니다. 인내심을 가지고 나아가다 보면 길이 완성되는 것을 보게 될 거예요."

기후 조건에 적응하고, 자신의 몸보다 50배나 더 무거운 것도 들 수 있습니다.

또한 우리는 이러한 모습에서 간과된 측면도 이해해야 합니다. 만약 우리가 속한 집단의 규칙만을 고수한다면 우리는 결국 완고하고 융통성 없는 사람이 될 것이고, 우리의 개성과 행복마저 희생시킬 것입니다. 그러면 자아실현도 어려울 수 있습니다.

아주 공격적인 개미도 있을 수 있습니다. 잘 알다시피 공격성은 때때로 우리의 경계를 지키는 데 유용한 도구가 됩니다. 그러나 우리가 계속 분노를 느낀다면, 우리는 해결되지 않은 문제 때문에 생긴 고통을 감추고 있는 것일지도 모릅니다.

의식을 깨우는 질문

- 목표로 향하는 과정에서 체계적인 사고로 올바르게 판단하려 노력하나요?
- 인내심을 갖고 목표에 다가가나요? 아니면 모든 것을 단번에 얻고자 하나요?
- 당신은 목표를 이루기 위해 시간을 충분히 쓰고 있나요?

쥐
정밀함의 힘

쥐는 세심하며 꼼꼼하고 철저하며 까탈스럽습니다. 쥐는 어떤 세부 사항도 놓치지 않기에 주위 세계를 꼼꼼히 관찰하고 주의력이 부족한 사람들이 흔히 놓치는 것을 잘 알아차립니다. 쥐의 치유력은 우리가 가르침의 본질적이고 깊은 의미에 집중할 수 있도록 돕습니다. 그러나 이 치유력을 계속 쓴다면, 더 넓게 바라봐야 할 때 제한된 패턴에 자신을 가두는 오류를 범할 수 있으니 주의해야 합니다.

쥐는 한 분야를 수년간 연구하고 경험해 온 진정한 전문가입니다. 사실, 쥐는 지식과 업무의 전문화가 무엇인지 정확히 보여줍니다. 쥐는 크고 작은 집단 안에서 생활하고, 각 집단 안에는 각자의 역할과 명확하게 정해진 임무가 있습니다.

쥐들은 일생 동안 함께할 짝을 찾아 평온한 환경에서 번식하고 번성합니다. 우리처럼 쥐도 사교적이며, 탐험하고 놀고 배우는 것을 좋아합니다. 쥐들도 생활하기 위해 넓은 공간이 필요합니다. 우리와 마찬가지로 무언가에 얽매여 있거나 너무 무거운 책임을 지고 있을 때 스트레스를 받고, 건강과 삶의 질에도 영향을 받습니다.

쥐의 유전자는 인간과 매우 유사하며, 인간의 건강 분야는 쥐의 희생 덕분에 크게 발전했습니다. 쥐는 더 이상 필요 없는 것들을 비워내어 정신적 에너지를 정화하며, 이미 쓸모를 다해 버려진 것의 새로운 쓸모를 모색하기도 합니다. 이로 인해 쥐는 더럽고 위험한 동물로 간주되며 심지어 질병을 퍼트린다고 여겨집니다.

"더 가까이 다가가서 조심스럽게 세세히 살펴보면, 상상조차 할 수 없는 지식이 당신 앞에 드러날 겁니다."

의식을 깨우는 질문

- 중요한 것에 대해 깊게 생각하며 그 안의 모든 세부 사항을 탐구할 수 있나요?
- 자신을 꼼꼼하고 정확하다고 생각하나요? 그런 성향이 과해서 문제가 되기도 하나요? 아니면 그런 성향이 아예 없나요?
- 자연을 세세히 관찰하며 작은 세계의 아름다움에 매료되곤 하나요? 아니면 풍경 전체를 즐기는 편인가요?

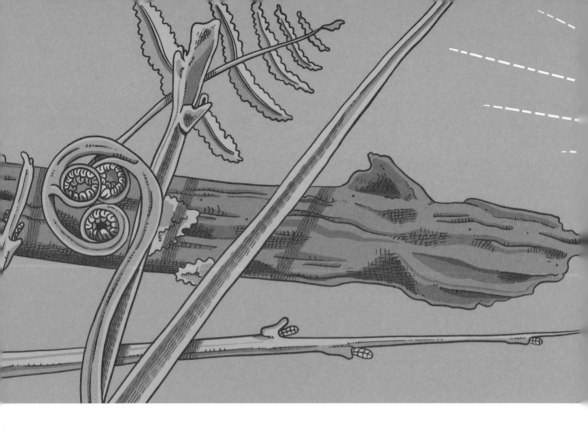

귀뚜라미
영적 안내자와 소통하는 힘

"모든 이에게는 적어도 하나의
영적 안내자가 존재합니다. 마음의 목소리에
귀 기울이면 그를 만나게 될 겁니다."

낮에 매미의 노래가 여름의 열기를 예찬한
다면, 밤에는 귀뚜라미의 노래가 여름의 열기
를 찬양합니다. 고대 전설에 따르면 귀뚜라
미의 울음소리를 통해 자신의 영적 안내자와
소통할 수 있다고 합니다. 영적 안내자는 모

두의 내면에 존재하며 외적인 형상으로 드러
나는 현명한 힘으로, 사람들이 자신의 진정한
본성을 찾고 삶의 진정한 목적을 이해하는 데
도움을 주는 지혜로운 힘입니다.

귀뚜라미의 노래는 상당한 거리에서도 들
을 수 있을 정도로 조화로운 소리를 만들어내
기 때문에, 불편한 생각을 떨쳐버리고 내면의
목소리를 들을 수 있는 공간을 열어줍니다.
그 덕에 우리는 영적 안내자로부터 지혜를 구
할 수 있습니다.

많은 이야기에서 귀뚜라미는 안내자로 묘

사됩니다. 예를 들어, 고대 그리스 신화에서 귀뚜라미는 예언자 테이레시아스를 아폴론 신의 신전으로 이끌고 예언을 이해하도록 돕습니다. 고대 이집트에서 귀뚜라미는 죽은 자와 저승으로 가는 여정을 함께하며, 그 여정에서 마주칠 수 있는 위험을 경고합니다.

판타지 소설『피노키오』에서는 귀뚜라미가 작은 인형 피노키오의 친구이자 조언자, 안내자로 등장합니다. 그는 피노키오가 옳은 결정을 내릴 수 있도록 돕고 위험을 미리 알려주기도 합니다. 피노키오가 책임감 있는 성숙한 인간이 되는 데 귀뚜라미는 매우 중요한 역할을 합니다. 귀뚜라미는 깨닫고, 굳건하게 자기 자리를 잡고, 주의를 기울이고, 자신을 돌보고, 영혼의 목적에 관심을 갖도록 격려합니다.

의식을 깨우는 질문

- 당신은 영적 안내자와 소통할 수 있나요?
- 당신보다 현명한 사람에게 도움을 청하나요? 아니면 모든 것을 혼자 감당해야 한다고 생각하나요?
- 보이지 않는 세계가 있다고 믿나요? 아니면 그저 환상일 뿐이라 생각하나요?

거북

어머니 대지의 힘

"어머니의 존재를 기억하는 아이는 절대 외롭지 않습니다. 지구는 당신의 위대한 어머니입니다."

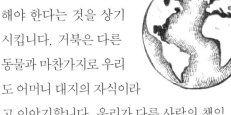

거북은 지구만큼이나 오래된 생명체이자 현명하고 회복력이 강하며 다산하는 존재로, 물과 땅에서 삽니다. 거북은 모든 생명체의 창조자인 어머니 대지를 상징합니다. 전 세계의 토속 신앙에서 거북은 이 땅과도, 흙이라는 원소와도 연관되어 있으며, 정착과 지하 세계를 상징합니다.

소리를 이용하여 깊은 황홀경에 빠지기 위해, 어머니 대지와 다른 영적 요소와 소통하기 위해 북아메리카와 몽골, 아시아의 퉁구스족과 한족, 오스트레일리아의 주술사들은 거북의 등껍질로 단단한 북을 만들었습니다. 이 북은 영혼으로 채워진 신성한 물건으로 여겨졌습니다. 거북이 항상 등에 지고 다니는 등껍질은 내구성이 뛰어나고 효과적인 보호 장비로, 그 자체로 거북의 집이며 포식자로부터도 보호해 주는 역할을 합니다.

거북은 우리가 대지의 자손이며, 협력과 지지가 필요할 때 이 위대한 어머니에게로 향해야 한다는 것을 상기시킵니다. 거북은 다른 동물과 마찬가지로 우리도 어머니 대지의 자식이라고 이야기합니다. 우리가 다른 사람의 책임을 떠맡거나 자신의 역할을 오해하지 않고, 겸손한 자세로 자신의 책임과 역할을 감사하게 받아들여야 한다고 말해줍니다.

어머니 대지는 우리를 자식으로 삼아 우리에게 먹을 것과 지혜를 주고, 돌보고, 치유해 주고, 다시 태어나게 합니다.

거북은 우리에게, 한 곳에 굳건하게 자리하면서도 유연하고 창조적으로 오늘을 살라고 이야기합니다. 또한 아이디어를 실행할 때는 신중하게 고려하고 철저히 계획해야 한다는 점을 강조합니다. 물질세계에서 확고하고 강력하게 실현될 만한 조건을 충분히 갖추지 못하는 아이디어는 미련 없이 놓아버리라고 충고합니다.

의식을 깨우는 질문

- 자신이 어머니 대지의 자녀라고 생각하며 필요할 때 대지에 도움을 요청하나요?
- 어머니 대지의 보호를 받고 있다고 느끼나요?
- 조급해진 마음을 느긋하게 다스리는 방법을 알고 있나요?
- 우리가 자연과도, 우리 몸과도 하나임을 느끼려면 어떻게 해야 할까요?

뱀
변화를 추구하는 힘

"당신을 둘러싼 껍질이 조이고,
잘 맞지 않고, 낡았다고 느낄 때마다
바꿔버리세요. 재생의 불이 항상
당신 안에서 타오를 겁니다."

지하 세계에 살며 강력한 마법의 힘을 가진 뱀은 고대부터 존재했으며 세계 모든 문화와 깊이 닿아 있지요. 뱀은 어떤 문화에서는 경배받고 어떤 문화에서는 악마로 여겨지는데, 대체로 신성한 존재이자 항상 변화하는 생명체로 여겨집니다. 뱀은 다른 생명체들과 달리 불필요한 짐은 벗어버리고 끊임없이 탈피하고 재생하며 새로운 형태의 생명을 얻습니다. 여신을 숭배하는 고대 종교에서 뱀은 신성한 불과 창조적인 성적 에너지를 수호하는 지혜로운 존재입니다. 어머니 대지의 자궁 안에서 사랑받으며 삶-죽음-부활의 신비한 순환에 입문하는 이들과 동행합니다.

뱀은 변화라는 치유력을 상징하며, 어떠한 저항도 하지 않고 모든 경험을 온전히 받아들입니다. 그렇기에 뱀은 미래에 펼쳐질 길을 따르기 위해 인생의 파도를 자연스럽게 타는 법을 알고 있답니다. 뱀은 우리에게 삶의 흐름에 저항하면 고통이 따른다는 것을 가르쳐 줍니다. 그리고 우리에게 감정과 정신, 영혼과

육체에 깃든 독을 강력한 변화의 에너지로 전환하라고 말합니다. 뱀은 연금술적인 변화를 일으키는 불의 힘을 제공합니다.

기독교와 유대교에서 뱀은 유혹과 인간의 타락에 연관됩니다. 그래서 뱀은 죄악의 상징이 되었고, 그 위험성을 경고하기 위해 뱀을 둘러싼 다양한 전설이 퍼져 나갔습니다. 뱀은 흔히 두려움을 상징하는 동물이므로 무지에서 앎으로 가는 길을 방해한다고 여겨집니다. 그래서 뱀을 부정적으로 바라보는 시각이 존재하는 겁니다.

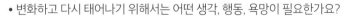

의식을 깨우는 질문

- 변화하고 다시 태어나기 위해서는 어떤 생각, 행동, 욕망이 필요한가요?
- 치료제로 바꾸고 싶은 독이 당신 안에 있나요?
- 자신의 껍질을 바꾸는 것에 흥분하거나 두려움을 느끼나요?

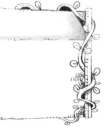

도마뱀

몽상의 힘

"창조 과정은 꿈에서만 시작됩니다. 그러니 꿈꾸기를 멈추지 마세요. 꿈꾸기를 멈춘다면 어떻게 자신의 현실을 만들 수 있겠어요?"

햇볕에 몸이 따뜻해지면, 도마뱀은 꿈을 꾸며 세상을 만들어냅니다. 상상 속에서 아직 존재하지 않는 세상을 욕망하고, 그것을 실현하기 위해 행동하는 이들이 창조하고 건설할 수 있는 세상이지요. 도마뱀은 노련한 몽상가이며, 우리가 동시에 여러 개의 현실을 살고 있다는 것을 보여줍니다.

꿈의 세계는 주술사들이 항상 그랬던 것처럼 의식이 있는 상태에서도 분명하게 체험할 수 있습니다. 꿈을 통해 주술사는 치유하고, 새로운 지식을 습득하며, 세상을 속속들이 인지하며, 창조하고, 영혼 및 선조들과 소통합니다.

대지의 여신 가이아의 상징인 도마뱀은  깨어 있으면서도 꿈속을 살아가는 능력 덕분에 미래를 알고 예언할 수 있습니다. 도마뱀은 자신과 정서적 유대를 맺고 있는 이들을 보호했기 때문에 신성하고 상서롭게 여겨졌습니다. 도마뱀은 꿈의 세계에 시간을 충분히 들이고, 꿈의 세계를 가치 있게 여기라고

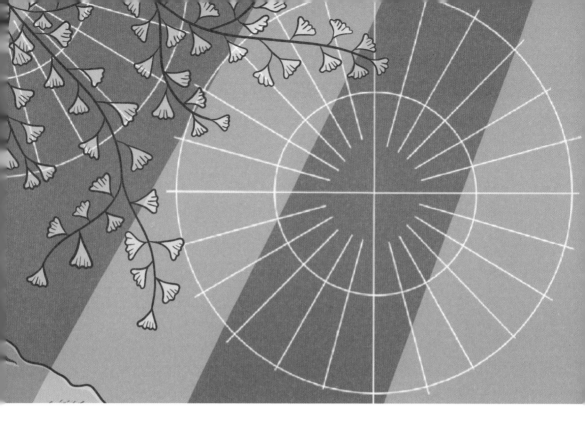

요구합니다. 상상에 푹 빠져 존재의 다른 차원을 탐험할 수 있는 몸의 정적 상태, 즉 휴식과 수면을 강조하지요.

포식자가 습격하면 도마뱀은 목숨을 구하기 위해 꼬리를 희생합니다. 사실 사냥하는 동물의 주의를 끌기 위해 꼬리를 잘라내고 도망치는 것이지요. 다시 새로운 꼬리가 자라나는데, 원래 있던 꼬리보다 단순하지만 예전 꼬리와 같은 기능을 합니다. 도마뱀의 이런 행위를 통해 꿈을 꾸려면 에너지, 용기, 기민함, 그리고 희생정신이 필요하다는 것을 알 수 있습니다. 꿈을 실현하기 위해 우리는 자신의 일부를 버릴 준비가 되어 있어야 하며, 그 자리에서 더욱 본질적인 것이 자라난다는 사실을 믿어야 합니다.

의식을 깨우는 질문

- 당신의 꿈은 무엇인가요? 그중에서 어떤 것을 실현하고 싶나요?
- 꿈을 실현하기 위해 무엇을 기꺼이 희생할 수 있나요?
- 자신의 꿈을 따라 살고 있다고 생각하나요? 그렇지 않다면, 꿈을 실현하지 못하는 이유가 무엇이라고 생각하나요?
- 당신보다 앞서 온 사람들의 꿈을 실현하는 사람이 바로 당신이라는 것을 아나요?

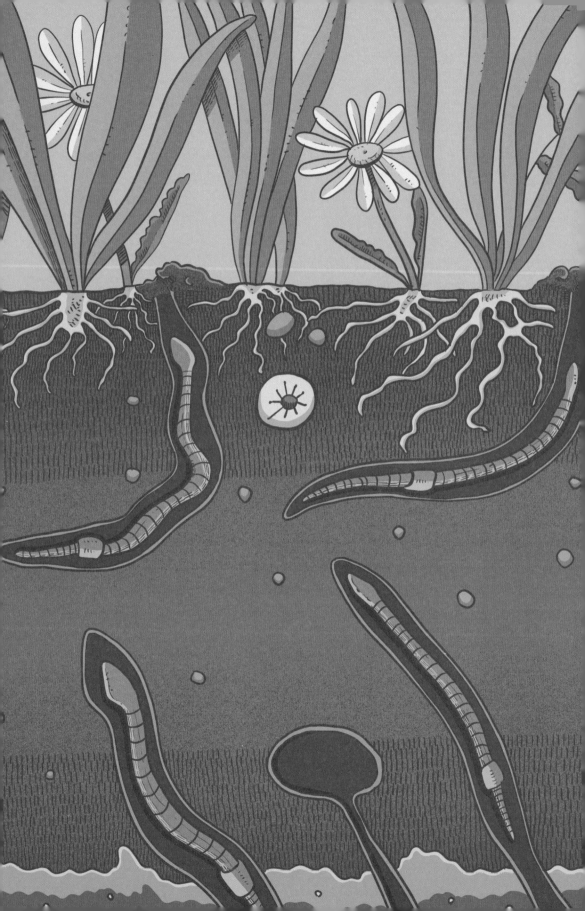

지렁이
재생의 힘

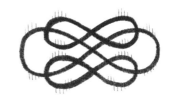

깊은 땅속에서 가장 매혹적이고 놀라운 존재는 지렁이입니다. 썩은 유기물을 지치지 않고 먹어치우죠. 언젠가 생명을 다할 수밖에 없는 이파리와 풀 등 모든 식물 조직을 부엽토로 바꾸는 마법을 행합니다.

부엽토는 영양분이 풍부해 토양을 비옥하게 만들지요. 그래서 식물이 자라기에 적합한 땅을 만듭니다. 이러한 기적은 그저 먹고 소화한 것을 배출함으로써 이뤄집니다. 이 과정을 통해 에너지와 목적, 의미를 잃은 모든 것을 새롭고 유용하며 생명력 넘치는 것으로 바꾸고 재생시킬 수 있다는 것을 알게 됩니다.

우리도 우리의 경험을 내면의 교훈으로 녹여내 우리 일상에 새로운 의미를 부여하고 물건, 집, 습관, 삶의 방식까지 변화시킬 수 있습니다. 우리는 지금 우리가 소유한 모든 것을 변화시킬 수 있습니다.

"죽을 운명인 모든 것은 새로운 탄생을 위한 비옥한 땅이 됩니다."

대지의 어두운 자궁 속에서 사는 지렁이는 토양은 물론 자신의 몸도 재생할 수 있습니다. 몸이 절단되었을 때 지렁이는 머리를 포함한 모든 부위를 재생시킬 수 있습니다. 절단된 도마뱀의 꼬리가 다시 자라는 것처럼 지렁이의 사라진 부분도 다시 자라납니다. 어떤 전설에서는 지렁이가 몸을 두 부분으로 잘라서 각각 독립적인 개체로 재생시킬 수 있다고 합니다. 지렁이는 땅속에서 생활하며, 보통 밤에 먹이를 먹기 위해, 혹은 폭우가 쏟아질 때 질식하지 않으려고 밖으로 나옵니다. 이 겸손한 무척추동물은 조용하고 소소한 방식으로도 우리가 큰 변화를 일으키고, 모든 생명을 이롭게 하는 획기적인 행위를 할 수 있다는 것을 보여줍니다.

의식을 깨우는 질문

- 오래된 것을 재생하여 새 생명을 주는 것을 좋아하나요?
- 당신 자신 또는 사용하지 않는 물건을 변화시키는 것이 획기적인 행동이라는 사실을 알고 있었나요?
- 존재의 근본적인 재생을 경험해 본 적이 있나요? 그 과정을 완수했을 때 어떤 느낌이 들었나요?

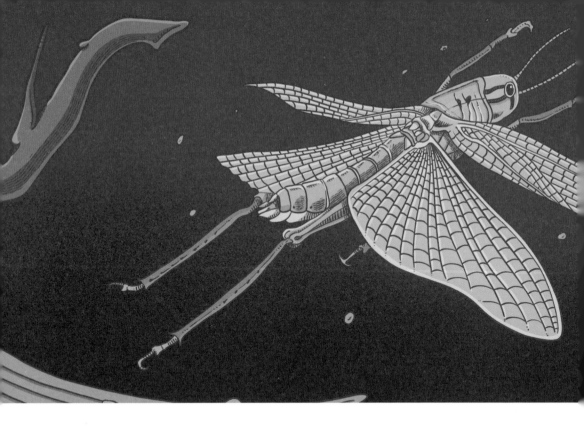

메뚜기
도약의 힘

"때로는 아무 계산 없이
자신이 가진 자원과 능력을 믿고
뛰어들어야 합니다."

만약 당신이 도약을 오랫동안 준비해 왔다면 메뚜기의 치유력에 의지해 보세요. 프로 점프 선수인 메뚜기는 자신의 본능과 속도에 충실하며 자유롭고 안전하게 새로운 목표를 향해 나아갈 준비가 되어 있으니까요.

메뚜기는 새로운 발전의 길을 가는 선구자로 다른 차원의 문을 엽니다. 위대한 업적과 대담한 도약을 해낸 뒤에는 새롭게 정복한 공간을 즐기고, 또 다른 도약을 준비하기 위해 에너지를 충전하고 휴식할 시간이 필요하다는 것을 가르쳐줍니다. 메뚜기는 우리에게

믿음, 용기, 새로운 시작을 이야기하는 한편, 발전을 향해 계속 도약할 수 있도록 안정이 필요하다고 말합니다.

작은 발걸음을 통해 이루어지는 변화도 있지만, 제대로 된 도약을 요구하는 변화도 있습니다. 무엇인지 아직 잘 알 수는 없지만 우리와 깊이 공명하는 무언가를 믿어야 하지요.

메뚜기는 초록색입니다. 초록색은 자연 어디에서나 볼 수 있으며 우리의 심장 차크라의 색이기도 합니다. 심장 차크라는 새로운

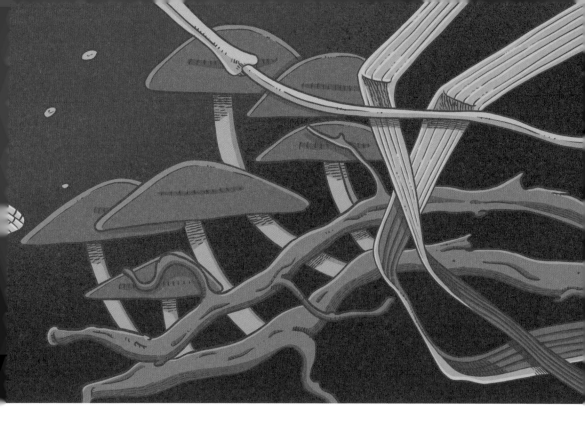

것을 받아들여 스스로를 새롭게 하고, 두려움 없이 도전하는 과정에서 살아 있음과 충만함을 경험하도록 우리를 축복합니다.

● 인도의 영적 전통에 따르면 차크라(chakra)는 신체에서 기가 모이는 부위를 말한다. 온몸에 있는 일곱 개의 차크라 중 심장 차크라(아나하타 차크라)는 가슴 중앙에 위치하며 사랑, 공감, 관계와 연관되어 있다.

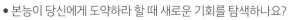

의식을 깨우는 질문

● 본능이 당신에게 도약하라 할 때 새로운 기회를 탐색하나요?

● 작은 발걸음으로 성공에 다가가나요? 아니면 크게 도약하여 크게 성공할 기회를 단번에 잡으려 하나요?

● 당신에게도 메뚜기의 치유력이 있다고 생각하나요?

고양이
신성한 본능의 힘

"내 본능은 신성하며,
나는 본능이 나를 이끌게 합니다.
나를 길들여도 내 본성은 변하지 않아요."

신비하고 비밀스러우며 사람에게 길들여진 듯 보이는 고양이는 달과 여성성을 상징하는 대표적인 동물입니다. 다정하며 사교적이고 사람들을 보살피기도 하지만 매우 독립적이며, 고양잇과 동물의 전형적인 특성인 유연함과 우아함을 보여줍니다. 고양이는 몸의 언어로 능숙하게 소통하며 자신의 경계를 침범하거나 본능을 억누르거나 본성을 억압하는 것을 허락하지 않습니다.

영혼과 에너지의 세계와 연결된 고양이는 세상의 움직임을 조용히 관찰하는 신의 눈이라고도 합니다. 고대 이집트에서 고양이는 바스테트(Bastet) 여신의 화신으로 여겨졌습니다. 바스테트 여신은 가정을 수호하는 신이며 인간의 마음을 꿰뚫어 보는 능력을 가졌다고 하지요.

고양이의 본성은 방종, 이기심, 무관심 혹은 거리 두기가 아니라, 방어, 개인주의, 공평함, 자기만족입니다. 고양이는 만물을 지배하는 자연법칙을 따릅니다.

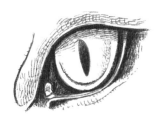

달과 같이 고양이도 부드럽고 모성적인 성향을 갖고 있어 자기 자신과 다른 존재를 보살핍니다. 고양이가 가르랑거리는 소리는 슬픔과 공허함을 치료해 주는 해독제입니다. 즉, 고양이는 치유하는 동물입니다.

사람들은 고양이를 좋아합니다. 집 안에 문제를 일으킬 수 있는 쥐나 해충을 잡는 능력 덕분에 오래전부터 집 안에서 고양이를 키워왔지요. 사람들은 고양이가 악령으로부터 가정을 보호해 주는 능력이 있다고 믿었습니다. 고양이는 우리가 부드러운 애정과 위안을 온전히 누리기를 권합니다. 그리고 타고난 성스러운 힘 안에 항상 온전히 머물며 우리의 진정한 본성을 잊지 말라고 말합니다.

의식을 깨우는 질문

- 당신은 자신의 본능을 어떻게 다루나요? 자신의 야성을 알고 있나요?
- 자신이 지닌 달의 특성을 기꺼이 받아들이나요? 이것을 이용할 줄 아나요?
- 당신의 본성을 거부하게 만들려는 사람, 즉 당신을 조종하려는 사람을 알아차릴 수 있나요?

개
신뢰의 힘

"신뢰할 수 있는 동료는
마음의 날개를 펴게 만드는
신의 축복입니다. 그 소중한
선물에 감사하세요."

태곳적부터 개는 인간의 재산을 보호하고 인간을 돕고 위로하는 동반자로 길들여졌습니다. 인간은 개의 본성을 빼앗았으며 개가 제공하는 도움과 친절을 남용하지만, 개는 그런 인간에게도 복종하는 충직한 늑대입니다. 오히려 그러한 인간의 한계를 동정하며 자신의 임무를 성실히 수행합니다.

여러 신화에서 개는 귀중한 보물과 신성한 장소의 수호자입니다. 아누비스(Anubis), 케르베로스(Kerberos), 가름(Garmr), 오르트로스(Orthros), 숄로틀(Xolotl) 등 신화에 등장하는 개들을 떠올려 보세요.

매우 귀중한 자산을 누군가에게 맡긴다면, 당연히 그 누군가는 신뢰할 만한 이여야 합니다. 개는 특별한 치유력으로 항상 인간에게 신뢰감을 주었습니다. 개는 주인과 무리에 충성하고 특정한 장소와 사람들을 보호하는 상징적인 존재입니다. 지혜와 우정의 상징이기도 하지요.

저는 어릴 때 개와 함께 자랐습니다. 친근하고 유쾌한 개가 다정하게 보호해 주었던 기억은 저의 감정 발달에 토대가 되었습니다. 저는 항상 개를 친구이자 가족의 일원, 제 마음속에 살아 있는 사랑스러운 존재라고 생각합니다.

개는 우리 자신의 영혼을 존중하면서 겸손하게 다른 사람들에게 봉사하는 법을 가르쳐줍니다. 그리고 먼저 자신에게 충실하면 결국 주변 사람들에게도 충실할 수 있다는 것을 알려줍니다.

의식을 깨우는 질문

- 자신이 신의 있는 사람이라고 생각하나요?
- 어떤 일을 하기 전에 다른 사람들에게 먼저 동의를 구하는 것을 신의 있는 태도라 생각하나요?
- 누군가에게 도움을 주고 싶을 때는 어떤 방식으로 돕고 싶요?
- 친구들의 존재에 감사하나요?

늑대
야성의 힘

길들이기 어려우며 총명하고 자유로운 늑대는 타고난 지혜를 존중하라고 가르쳐주는 영적 스승입니다. 늑대는 신성한 달의 동물이며 여성적인 창조의 힘과 연관됩니다. 늑대는 우리에게 입문의 길을 보여주며, 두려움을 수용하고 용기를 내어 자신의 내면을 마주보고 이해하라고 격려합니다.

늑대는 탐험하고 여행하며 자신이 누구인지 발견하고, 세상을 경험합니다. 늑대는 자신이 어디서 왔는지 알고 있습니다. 자신을 찾기 위해 늑대는 익숙한 무리를 떠나 혼자 시간을 보내야 하며, 그렇게 찾은 것을 무리와 공유해야 한다는 것도 알고 있습니다. 자신의 본능과 본성에 충실한 늑대는 사육되는 안락한 삶을 거부합니다. 늑대는 진심을 다해 삶을 나눌 상대를 선택하고 가족을 이루고 그들을 죽을 때까지 보살핍니다. 그러면서도 항상 자신에게 충실하지요.

"당신의 진실한 내면을
이해하고 포용하세요. 그러면
마음 속은 지혜로 가득할 거예요."

늑대는 야성적인 면과 길들여진 면을 모두 갖고 있어, 생명은 빛과 그림자, 옳고 그름 등의 이분법을 넘어서 그저 존재하며 우리(틀)에 가둘 수 없다는 것을 보여줍니다.

늑대는 그 본능적인 특성 때문에 신화나 우화에서 위협적이고 불안감을 주는 존재로 묘사되었습니다. 그러나 늑대는 우리보다 먼저 중요한 것을 깨달았습니다. 바로 진실은 우리의 다양한 측면 안에 숨어 있다는 것입니다. 실제로 이 동물은 우리에게 다양한 것을 받아들이고 그것들의 조화를 이루는 방법을 알려줍니다. 다양한 것을 결합함으로써 늑대의 치유력이 우리에게 나타납니다.

의식을 깨우는 질문

- 자신의 지혜와 연결되어 있나요?
- 당신이 스승으로 선택한 사람에게서 발견한 것은 무엇인가요?
- 누구든, 무엇이든 당신의 스승이 될 수 있다는 것을 알고 있나요?
- 자신의 야성적인 면을 보살피나요? • 당신 자신과 당신이 사랑하는 사람들을 돌보나요?
- 본능을 믿나요? 아니면 본능을 의심하며, 무엇이든 시험하고 검증해 봐야 하나요?
- 두려움이 자아실현에 장애물이 되나요?

당나귀
겸손의 힘

제우스는 지혜로운 티탄 에피메테우스에게 여러 동물을 만들어 지상에 살게 하라고 명했습니다. 그래서 에피메테우스는 인간에게 당나귀를 주어 힘든 일을 돕고 무거운 짐을 들게 했습니다.

당나귀는 인간들에게 언제나 큰 도움을 주었습니다. 사람들은 당나귀를 이동 수단으로도, 짐꾼으로도 사용했습니다. 당나귀는 주로 험준한 산악 지형에서 유용하게 쓰였습니다.

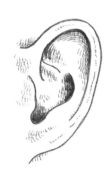

운송을 담당했던 당나귀의 역할을 기계가 대신하면서 지금은 동물 교감 치료에 기여하며 다시 우리에게 행복을 주고 있습니다.

당나귀는 온화하고 감성적이며 총명하고,

용감하며 배려심 깊고, 현명하고 회복력이 강하며 믿을 만한 동물입니다. 당나귀는 인류에게 헌신적으로 봉사했고, 거기서 이 동물의 특징인 겸손함을 볼 수 있습니다.

귀가 커서 예민하고 주의 깊게 소리를 들으며, 멀리서도 냄새를 맡아 위험을 알아채고 대피하기도 합니다. 당나귀는 우리에게 다른 사람의 의견이나 평가에 의존하지 말고 우리 자신 안의 신성한 존재에게 인정받아야 한다는 것을 말해줍니다.

종종 당나귀의 겸손함을 어리석음으로 오해하기도 합니다. '당나귀'라는 단어는 무지한 사람을 비하하는 용어로 사용되었고, 유럽의 학생들은 가짜 당나귀 귀가 달린 모자를 쓰고 학교에서 장난을 치기도 했습니다. 이렇듯 당나귀를 폄하한 행위들은 눈에 보이는 것의 이면을 보지 못하는 인간의 한계를 드러낸 것에 불과하지요.

의식을 깨우는 질문

- 겸손은 당신에게 어떤 의미인가요?
- 자신이 겸손하다고 생각하나요?
- 다른 사람의 의견을 얼마나 중요하게 생각하나요?

곰
자아 성찰의 힘

"내면의 고요 속에서 모든 답을 찾을 수 있을 겁니다. 고독 속에서 자신과 깊이 관계 맺는 법을 배우세요."

달의 동물인 곰은 내면의 평온한 공간이 만들어내는 마법과 강하게 연결되어 있습니다. 내면의 평온한 공간은 누구나 찾을 수 있으며 우리가 외부의 다른 모든 것을 잠시 멀리할 수 있는 곳입니다.

이 거대하고 털 많은 포유동물은 오염되지 않은 푸른 땅이나 하얗고 넓은 빙판에 살면서, 외로움을 통해 우리 자신과 더 깊이 관계 맺게 합니다. 곰은 우리 질문에 대한 답이 우리 안에 있는 고요한 동굴에서 나온다고 말해줍니다. 우리 내면의 동굴은 우리 조상의 힘이 메아리치는 곳이며 어머니 대지의 심장 박동과 우리의 심장 박동이 하나로 어우러지는 곳입니다.

곰은 우리에게 마음으로 느끼고 우리의 마음속 깊은 곳까지 내려가서 과거의 경험을 내면에 새겨 근본적인 교훈을 배우라고 말합니다. 우리에게 가장 좋은 게 무엇인지 다른 누구보다도 우리 스스로가 더 잘 알지요. 자신과 밀도 있는 시간을 보내는 일은 우리 자신의 내면의 힘과 권위를 강하게 만듭니다. 우리 자신과 다른 사람을 잘 알고, 우리 옆에 있었으면 하는 사람을 선택하는 것은 매우 중요한 일입니다.

곰은 야성적이고 총명하며 강인하고 자신을 지킬 수 있는 동물입니다. 곰은 자연의 리듬을 따릅니다. 동굴 안에서 그저 존재하는 시간인 가을~겨울의 긴 동면 기간과 활동하는 시간인 봄~여름의 활기찬 기간 사이에서 완벽한 균형을 이루며 살아갑니다.

의식을 깨우는 질문

- 당신과 침묵과의 관계는 어떤가요? 그리고 자신과의 관계는 어떤가요?
- 자아 성찰, 경청, 환대를 위한 공간을 마련할 수 있나요?
- 자신의 감정과 타고난 지혜에 귀를 기울이나요?
- 마음의 침묵 속에서는 어떤 대답이 당신을 기다리고 있나요?

소

우주를 움직이는 모성의 힘

> "태어나는 모든 것은 성장하기 위해
> 사랑과 양육, 보호가 필요합니다."

모든 문화권에서 여성성, 특히 임신과 출산, 수유, 양육과 연관되는 소는 자애와 사랑, 온화함으로 양육하는 존재입니다. 모두 좋은 어머니의 전형적인 특징이지요.

고대 이집트의 세계관에서 소는 모든 생명의 부활을 관장하는 천상의 소, 메헤트웨레트(Mehet-Weret) 여신의 모습으로 태초의 바다에서 처음 나타났습니다. 이 천상의 소의 두 뿔 사이에는 태양의 원반이 있습니다. 이 태양의 원반이 밤과 낮, 죽음과 부활이라는

시간의 순환을 시작하게 합니다. 천상의 소는 아들인 태양신 라를 매일 낳았고, 그리하여 지상에는 빛과 어둠이 주기적으로 반복되었습니다. 예술에서 소의 뿔은 여성의 자궁을 상징하며, 모성과 관련된 모든 여신들에게서 볼 수 있습니다. 인도는 1527년에 소를 죽이는 것을 금지했으며, 이것은 지금도 여전히 신성불가침한 규칙입니다.

소는 큰 눈으로 순한 눈빛을 보내며 우리가 경험으로부터 영양분을 얻기를 바랍니다.

소의 말처럼 차분하게 자신의 경험을 음미하고 그 순간에 충실하면 우리는 주어진 가능성을 즐길 수 있는 지혜를 얻을 수 있습니다.

소는 우리에게 우리로부터 태어나는 모든 것의 어머니가 되라고 용기를 줍니다. 그리고 우리가 창조한 것을 사랑으로 보살피고 보호하라고 말합니다. 또한 지구와 그 안의 자원을 돌보는 일의 중요성을 상기시켜 줍니다. 이렇게 돌봄으로써 우리는 생명을 위한 영양분을 얻고 다른 종의 생물들도 함께 생존할 수 있습니다.

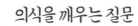

의식을 깨우는 질문

- 천연자원을 적극적으로 보호하나요?
- 당신이 창조한 당신의 아이들에게 모성애를 느끼나요? 그들을 먹이고, 사랑하고, 보호하나요?
- 모성의 영역, 어머니가 된다는 것은 당신에게 어떤 의미인가요?

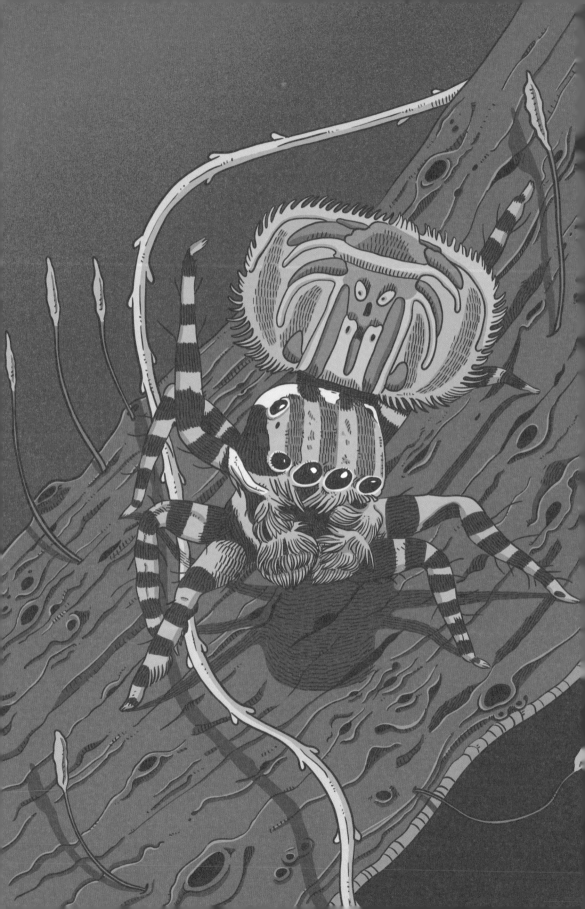

거미
균형과 조화의 힘

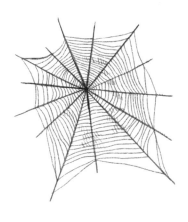

형언할 수 없이 아름다우며 신성한 그물을 엮는 거미는 세계의 형태를 만드는 여성적 창조력을 상징합니다. 여러 신화에서 이 절지동물이 줄을 엮어 세계를 창조한다고 이야기합니다.

거미는 창조의 무한한 가능성과 신이 주신 기회를 상징합니다. 이는 삶의 방식, 거주지, 직업과 교육 체계를 설계할 뿐만 아니라 자신을 표현하고 의사소통하기 위해 새로운 언어를 창조하는 것을 의미하지요.

거미를 통해 우리는 옛것을 고쳐 우리의 필요에 더 적합한 새것으로 만들 수 있다는 것을 알 수 있습니다. 거미는 우리가 우주의 힘의 통로가 되어 그 힘을 따른다면 우리의 가능성은 무한하다는 것을 말해줍니다.

거미는 심장 박동에 따라 줄을 엮는 창조 과정을 통해, 각 부분의 균형과 재능의 온전

"나의 나날이라는 천을 엮고 풀며
나는 나의 창조물을
예술 작품으로 만듭니다."

한 표현이 어떻게 아름다움을 창출하며 조화를 이루는지를 보여줍니다.

거미는 인내, 헌신, 관심의 상징입니다. 이 모든 덕목은 이전에 없던 것들에 생명을 불어넣는 데 필요한 자질입니다. 그러나 어떤 사람들에게 거미는 공포를 일으키며, 종종 음모, 일그러진 환영, 발전을 막는 굴레를 연상시킵니다.

의식을 깨우는 질문

- 자기 삶을 스스로 창조하는 것은 자신이라는 사실을 알고 있나요?
- 당신에게 주어진 시간 동안 무엇을 창조하고 싶은가요?
- 당신을 억누르는 두려움과 환상 속에서 자유를 느끼나요, 아니면 갇힌 느낌이 드나요?
- 자신의 창작물에 경의를 표하나요? 다른 사람의 창작물을 어떻게 대하나요? 자신의 창작물과 다른 사람의 창작물에서 큰 기쁨을 느끼나요?

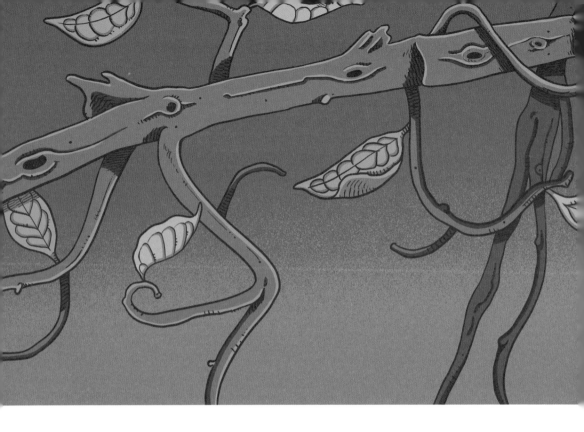

주머니쥐
대안을 찾아내는 힘

"플랜 B, 대안, 비장의 카드는
항상 존재합니다."

만약 동물들에게도 아카데미 시상식이 있다면, 주연상은 분명 주머니쥐가 받을 겁니다. 주머니쥐의 가장 중요하고 독특한 특성은 공격당했지만 싸우고 싶지 않을 때, 혹은 선택의 여지가 없다고 느낄 때 죽은 척하는 능력입니다.

이 꾀 많은 생명체가 바닥에 몸을 던지며 혼신의 연기를 펼치면 정말 완전히 죽은 것처럼 보입니다. 이런 공연 중에 주머니쥐는 심지어 체온을 낮출 수도 있고, 죽은 것처럼 얼

굴을 일그러뜨릴 수도 있습니다. 게다가 특정한 분비샘에서 지독한 냄새가 나는 액체까지 분사할 수 있습니다. 포식자들이 주머니쥐가 죽은 줄 알고 방심하면 주머니쥐는 그새를 틈타 도망칩니다.

주머니쥐는 매우 똑똑한 동물이라 매우 다양한 음식을 먹이로 삼고 다양한 환경에 적응해 살 수 있습니다. 주머니쥐는 상황이 예상과 다를 때 항상 대안을 찾습니다.

주머니쥐가 주는 치유력은 놀랄 줄 아는 것입니다. 주머니쥐는 생각지 못했던 방법을 찾아내고 그것에 놀라워하라고 말합니다. 그리고 불필요한 싸움을 피해 에너지를 아끼고 진짜 중요한 것에 집중하라고 합니다. 또한 공격당했을 때 꾀를 부려 대응하는 방법을 알려 줍니다.

의식을 깨우는 질문

- 공격당할 때 당신이 채택하는 전략은 무엇인가요?
- 필요한 경우 자신을 방어할 수 있나요? 반면 싸움을 피해야 하는 때를 알고 있나요?
- 당신은 사람들을 놀라게 하는 것을 좋아하나요?
- 당신은 놀랄 만한 상황을 수용하고 유연하게 대처할 수 있나요?

아르마딜로
경계선을 보호하는 힘

아르마딜로는 마치 용의 비늘처럼 생긴 비늘 갑옷을 두르고, 포식자가 공격하면 몸을 공처럼 둥글게 말아서 난공불락의 요새를 만들어내지요. 갑옷을 입은 이 포유동물은 천천히, 조심스러우면서도 늘 기민하게 움직이며 우리에게 경계를 지키는 것의 중요성을 알려줍니다.

아르마딜로는 안전과 자기 보호의 상징이며, 주머니쥐처럼 방어 전략의 중요성을 우리에게 일깨웁니다. 이 동물은 먹이를 놓고 다른 동물과 싸우기보다는 땅을 파서 먹이를 찾는 평화로운 동물입니다. 먹이를 찾지 못했다 해도 여러 날 동안 굶을 수 있을 정도로 회복 탄력성이 강하지요.

아르마딜로는 우리의 기본적 욕구인 안전을 상징합니다. 그리고 우리가 침범이나 학대, 분노의 대상이 되지 않기를 바랍니다. 개인적인 경계는 신성하며 우리의 은밀하고 사적인 공간을 표시합니다. 자신의 공간에 누

"나는 언제 "네"라고 말하고,
언제 "아니오"라고 말해야 할지 알고
있습니다. 경계가 중요하다는 것을
알기에 나의 경계를 지킵니다."

구를 받아들이고 거부할 것인지 선택할 권리는 모두에게 있습니다. 이것은 물리적인 공간의 경계일 수도 있지만 우리의 감정, 마음, 영혼의 경계일 수도 있습니다. 따라서 이러한 경계를 보호하는 것은 자유롭고 평화로운 삶을 살기 위해 가장 중요한 일입니다. 우리가 언제, 누구로부터 자신을 보호해야 하는지 안다면 여러 형태의 학대, 불합리한 공포와 불신을 피할 수 있습니다.

아르마딜로는 우리에게 적절한 경계 설정을 위해 자신의 경계를 탐구할 것을 권합니다. 동시에 다른 사람들의 경계를 존중하고 타인의 경계를 넘을 것 같을 때는 반드시 허락을 구해야 한다고 말합니다.

의식을 깨우는 질문

- 당신의 경계는 어떻게 설정되어 있고 그 경계는 어떤 위협으로부터 당신을 보호하나요?
- 다른 사람들의 경계를 존중할 수 있나요?
- 당신의 진심을 확실히 표현할 수 있나요?
- 당신은 보호나 방어가 필요 없는 상황에서도 방어 태세를 유지하나요?

말
자유로운 영혼의 힘

"내면을 있는 그대로 받아들이면
자유를 얻을 것이며, 자유는
평안과 행복을 위한 필요조건입니다."

강하고 우아하며 바람처럼 빠른 말은 자유와 힘, 영혼의 고귀함을 상징합니다. 말은 우리가 사는 세상에 물리적으로나 정신적으로나 굳건히 자리 잡고 있습니다.

세계 여러 곳에서 말은 기사, 전사와 지도자, 군대, 사제, 신들과 항상 동행해 왔습니다. 이 동물은 언제나 부, 용맹, 덕, 명성과 연결되며, 영적으로 달과 태양의 측면을 모두 갖고 있습니다. 고대 그리스에서는 말을 '프시코폼포스(psychopompos)', 즉 지상에서 저승으로 영혼을 인도하는 존재로 여겼습니다.

인간에게 말은 믿음직한 동반자이자 의심의 여지가 없는 조력자이며, 자유롭고 싶은 인간의 영적 욕구를 투영하는 거울입니다.

광활한 초원을 혼자 혹은 무리 지어 달리는 말은 분명 자유를 상징합니다. 말은 인간으로서는 불가능한 속도로 이동할 수 있게 해주어, 현대의 모든 교통수단에 영감을 주었습니다.

말은 똑똑하며 극도로 예민하고, 사교적이며 장수하고 열심히 일하는 동물입니다. 동료에게 충실해 자신을 돌보는 이들과 깊은 정서적 유대를 형성할 수 있습니다.

말은 우리에게 머리카락을 휘날리며 맨발로 달려보라고 권합니다. 우리를 억누르고 우리의 본성을 가려두었던 모든 것으로부터 스스로 자유로워지라고, 팔을 하늘로 들어 올려 세상에서 자신의 존재를 증명하라고 말합니다.

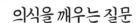

의식을 깨우는 질문

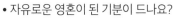

• 자유로운 영혼이 된 기분이 드나요?

• 당신에게 자유는 얼마나 중요한가요?

• 자신을 지키는 것이 너무 어려운가요? 아니면 당신의 내면을 받아들이기 시작했나요?

사슴
자연의 힘

"열린 마음과 침착한 태도로
당신의 보물을 굳건히 지켜야 합니다."

사슴은 왕족, 위엄, 품위, 힘, 용기의 상징입니다. 또한 존재하는 것만으로 자연에 속한다는 자랑스러움을 표현하며 머리를 높이 들고 수호자 역할을 맡습니다. 사슴은 다른 동물의 먹잇감이지만 포식자의 자세를 지녔습니다. 사슴은 민첩하며 자기방어의 진정한 전문가이기 때문에 사슴을 잡는다는 건 쉬운 일이 아닙니다. 아마 이런 이유로 고대 켈트족의 벨테인 축제(Beltane, 여름이 시작되는 것을 알리고 즐기는 켈트족의 축제)의 성스러운 사냥 행사에서는 사슴을 사냥감으로 삼았을 겁니다. 사냥꾼의 끈기와 용맹을 사슴 사냥으로 증명할 수 있으니까요.

사슴은 매우 평화로운 생명체로, 늦봄에 암컷과의 교배를 놓고 수컷끼리 결투할 때만 싸웁니다. 싸울 때 사슴은 큰 뿔을 사용하는데, 사슴의 뿔에도 나무의 나이테 같은 것이 있습니다. 교배 기간이 끝난 겨울에 뿔이 떨어지고 봄에 다시 자라나기 때문이지요.

선사 시대부터 사슴은 신성한 존재로 여겨졌고, 켈트 신화에서 자연의 신이며 숲의 주인인 케르눈노스(Cernunnos)도 사슴뿔을 쓰고 있었습니다. 주술사들은 의식에서 항상 사슴을 이용했습니다. 이 동물을 신과 꿈의 세계로 연결해 주는 통로로 여겼지요.

사슴은 우리가 자연과 깊이 연결되어 있음을 깨닫게 합니다. 우리 안에 다양한 영역들(신성, 영혼, 야성, 물질성, 마법)이 공존한다는 것을 알게 하죠. 사슴은 우리가 우리 자신의 삶의 수호자가 되어 평화롭고 고귀한 영혼을 지닌 채 삶을 존중하고 보호하도록 이끕니다. 또한 삶을 보존하고 그 연속성을 위해 끊임없이 노력하라고 충고합니다.

의식을 깨우는 질문

- 자신이 자연의 일부라는 자부심을 갖고 있나요? 그 긍지와 자부심을 어떻게 표현하나요?
- 당신은 당신의 삶과 그 삶을 둘러싼 존재를 지키기 위해 노력하고 있나요?
- 자연은 당신에게 어떤 의미인가요? 당신과 자연의 관계는 어떤가요?

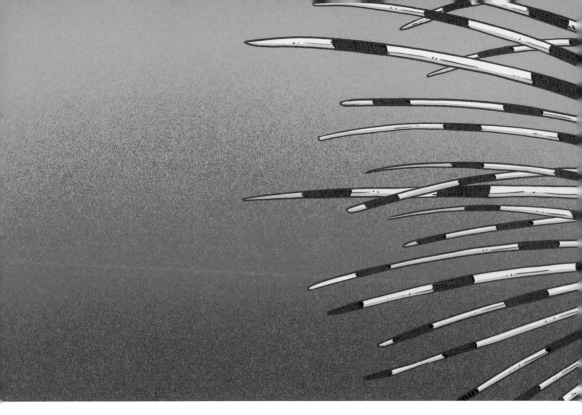

호저

친절의 힘

호저는 가시 있는 엉겅퀴과 식물처럼 부드럽게 만지면 따갑지 않습니다. 여기에서 우리는 사적인 관계, 다른 사람들에게 다가가고 그들과 관계를 맺는 방식의 중요성을 배울 수 있습니다.

우리가 친절한지 공격적인지에 따라 타인의 반응은 완전히 달라집니다. 개방적인 태도로 우리를 대할 수도 있고, 폐쇄적인 태도로 우리를 대할 수도 있지요. 자신을 방어하거나 우리를 공격할 수도 있고요. 호저는 그 사실을 되돌아보게 합니다.

"친절하고 상냥하다면, 당신의 마음이
당신에게 길을 알려줄 거예요."

실제로 호저는 가시가 많은 동물이고, 거북이 등껍질로, 아르마딜로가 갑옷으로 자신을 보호하는 것처럼 가시로 자신을 보호할 수 있습니다. 하지만 위협을 받을 때만 그렇게 합니다. 가시들은 호저의 털이며, 털이 곤두서면 호저의 몸이 더 크고 위험해 보입니다. 포식자에게 대응하는 훌륭한 전략이지요.

겉모습과 달리 호저는 결코 불친절하거나 까탈스럽지 않습니다. 오히려 평화를 사랑하며 장난스럽고 상냥합니다. 호저는 주로 밤에 달빛이 비칠 때 밖으로 나옵니다.

호저는 자신을 돌보는 우리의 능력과 자질을 믿으라고 가르칩니다. 또한 삶은 항상 우리가 감당할 수 있는 도전을 준다는 숙명을 믿으라고 말합니다. 호저는 우리에게 까칠하고 무뚝뚝해 보이는 사람들을 무서워하지 말라고 당부합니다. 그들도 속으로는 누군가가 자신과 함께해 주고 자신의 이야기를 들어주길 원하는 내면 아이를 숨기고 있기 때문이지요. 자신을 보호하려고 가시를 세운 것뿐입니다. 우리는 상처받은 그들에게 위협적인 태도가 아닌 부드러운 태도, 진심이 담긴 안심되는 말로 다가갈 수 있습니다.

의식을 깨우는 질문

- 누군가가 당신을 까칠하게 대할 때, 당신은 상처받고 똑같이 그 사람을 공격하나요, 아니면 상냥한 태도로 다가가나요?
- 언제 자신이 영혼의 '가시'를 세우는지 알고 있나요? 상처받았다고 느끼고 스스로를 보호하기 위해 그렇게 하나요?
- 다른 사람의 상처를 부드럽게 어루만지는 법을 배운 적이 있나요?

퓨마
지도자의 힘

"다른 사람들을 이끄는 것은
큰 책임을 맡는 것을 의미하며 이것이
지도자의 핵심 가치입니다."

우아하고 민첩하며 재빠른 퓨마는 산의 강인함과 북극성의 밝은 빛을 체화한 고양잇과의 검은 동물입니다. 퓨마는 분명 지도자로 태어났습니다. 퓨마는 지도자의 역할을 수행하기 위해 필요한 특성과 자질을 태어날 때 이미 갖고 있답니다.

지도자는 개인의 힘과 리더십을 조화롭게 사용해야 합니다. 이 두 가지를 균형 있게 유지하는 것은 쉽지 않지만, 자신에게 집중하며 이 도전을 기꺼이 받아들인다면, 그 균형은 자연스럽게 이루어집니다. 왜냐하면 그것은 우리의 정해진 길의 일부이기 때문입니다.

지도자는 자신과 타인을 돌볼 줄 알고 모든 사람의 성장 과정을 존중해야 합니다. 성장 과정에서 필요 이상으로 간섭한다면 지도자를 부모처럼 여기고 개인의 의무와 자율성 및 자기 결정권을 지도자에게 떠맡길 수 있기 때문입니다. 모든 사람의 길을 존중하라는 말은 그들을 구원하라는 의미가 아닙니다.

오히려 그들 스스로 임무를 완수할 수 있도록 도와주는 것입니다. 그 도움으로 그들은 더 강해지고, 중심을 굳건히 하며, 전력을 발휘할 수 있을 것입니다.

영혼의 지혜 대신 자아의 욕망을 선택한 지도자들, 아직 치유하지 못한 상처가 많은 지도자들은 협력자 대신 부하를 만듭니다. 그들은 자신의 이익을 위해 공정하지 못하게 행동하며, 다른 사람들의 생애에 빛을 가져다주기는커녕 그림자를 드리울 것입니다.

의식을 깨우는 질문

- 지도자로서의 역할이 당신이 가는 길의 일부라고 느끼나요?
- 가족과 같은 작은 집단에서도 자신이 지도자라고 인식하나요?
- 만약 그렇다면, 당신은 다른 사람들의 의지를 존중하나요, 아니면 폭군처럼 군림하나요?
- 지도자의 역할에 따른 책임을 회피하고 있진 않나요?

사자

통치자의 힘

> "나는 도전에 직면하면서 용감해지는 법을 배웠고, 두려움을 강인한 내면의 힘으로 변화시켰습니다."

풍성한 갈기에 자신감 넘치는 표정을 한 사자는 '동물들의 왕'이라는 유명한 표현처럼 왕국, 고귀한 혈통, 국가의 상징입니다. 사실 사자는 여러 문장(紋章)과 깃발에 힘과 부유함, 권력과 권위의 상징으로 등장합니다. 황도대에서 사자자리는 태양과 연결되어 있으며 태양의 모든 힘을 표현하고, 남성적인 창조력을 구현합니다.

사자는 통치자의 전형입니다. 통치자란 국민 전체나 국가를 이끄는 사람으로서, 보통 사람보다 더 폭넓은 시각으로 세상을 바라보고 조화를 꾀해야 합니다. 또 내면의 원형으로서 사자는 자기 중심이 잘 잡혀 있고, 현명하고, 우리 안에 확고히 자리 잡은 힘을 상징합니다. 사자는 더 큰 선을 위해 위험을 감수하고 책임지는 존재를 나타냅니다.

사자는 자신의 본모습을 두려워하지 말고 내보이라고 격려합니다. 즉, 우리의 가장 강렬하고 순수한 빛으로 빛나라는 의미이지요.

사자는 우리의 영적인 왕권, 우리 안에 있는 신성을 깨닫고 그에 따라 행동하라고 말합니다. 우리의 어두운 면을 끊임없이 수용하는 과정에서 우리는 우리 자신의 마음을 계속 돌아보게 됩니다. 이렇게 자신의 마음을 돌볼 때 우리는 왕과 여왕처럼 자신의 힘을 드러낼 수 있게 됩니다.

사자는 우리의 능력과 재능으로 우리의 왕국을 섬길 것을 독려합니다. 더 이상 타인에게 자신의 힘을 위임하거나 우리의 빛을 약하게 만들지 말라고 말합니다. 사자는 우리의 힘과 아름다움에 맞서지 말고 그것을 모두를 위해 쓰라고 말합니다.

의식을 깨우는 질문

- 자신이 자기 삶의 지배자라고 느끼나요?
- 당신은 '사자의 심장'을 가졌나요? 강하고, 결단력 있으며, 용기 있는 사람인가요?
- 당신의 영혼이 가진 통치자의 힘, 즉 태양의 힘이 당신을 인도하나요?

호랑이
자립의 힘

"나는 관계를 맺지만 아무에게도
의존하지 않으며, 아무도 나에게
의존하지 않습니다. 나는 자립적이고
완전한 존재이기 때문입니다."

호랑이는 고집스럽고 인내심이 강하며 흔들리지 않는 포식자입니다. 먹이를 사냥하기 위해 밤이 되기를 기다리며, 첫 시도에서 목표물을 놓치더라도 포기하지 않습니다. 사실 호랑이는 목표를 달성할 때까지 몇 시간이나 기다릴 수도 있습니다.

고양잇과 동물 중에서도 호랑이는 독립적으로 사냥하면서 자기 영역을 지키고 혼자 있기를 좋아하는 종입니다. 강한 개인주의가 특징이며 독립성이 호랑이의 토템으로서의 치유력입니다.

인도 신화에서 호랑이는 두르가(Durga), 칼리(Kali), 바이라바(Bhairava), 카르티케야(Kartikeya), 나라시마(Narasimha)와 같은 전사신, 수호신의 상징입니다. 이들을 통해 호랑이는 내면의 힘을 나타냅니다.

호랑이는 우리에게 자기 중심이 잡혀 있고 자유로우며 독립적인 성인(成人)이 되라고 격려합니다. 독립적인 성인은 자기 자신과 자신의 욕구를 잘 다룰 수 있습니다. 자기 자신을 이해하고, 자신의 욕구가 무엇인지 알며 이를 충족시키기 위해 행동할 수 있다는 것이

지요. 독립적인 성인은 자신의 행복과 의무를 다른 사람에게 미루지 않고 스스로 책임집니다. 다른 사람들의 욕구를 대신 해결해 주지도 않으며 다른 사람들과 의존적인 관계를 형성하지도 않습니다.

그러나 너무 일찍 독립심이 발달하면 유년기의 감정적, 심리적 상처가 될 수도 있습니다. 뭐든 혼자 해야 한다는 메시지를 내면화한 아이는 누구에게도 도움을 청하지 못하고 아무도 믿지 못하게 되기 때문입니다. 이 경우, 독립심은 고독에 이르는 함정이 될 수 있습니다. 그러나 도움을 청하는 능력까지 갖춘다면, 독립심은 탁월한 강점이 될 겁니다.

의식을 깨우는 질문

• 자신을 독립적인 성인이라고 생각하나요?
• 독립적인 성인이라는 것이 당신에게 얼마나 중요한가요?
• 필요한 경우에 사람들에게 부탁할 수 있나요? 아니면 어떻게든 혼자서 해내나요?
• 내면의 힘을 키우고 있나요?

여우
약삭빠름의 힘

여우는 가을 빛을 닮은 두꺼운 털을 지니고 있습니다. 여우는 대중문화에서 영리하고 교활한 동물로 상징되곤 합니다. 그래서 악행을 저지르고 다른 사람을 조종하는 이들을 "여우 같은 사람"이라 부르기도 하죠. 예를 들어 여우는 노르웨이 신화 속 속임수의 신 로키(Loki), 중국 신화 속 거짓말쟁이 악녀 달기(은나라 주왕의 후궁)와 연관됩니다.

여우에 대한 판단을 유보하고 보면, 여우의 치유력은 약삭빠름이라는 기술입니다. 여우는 목표를 향해 눈에 띄지 않고 무사히 나아가기 위해 이 기술을 사용합니다. 여우는 우리에게도 같은 방법을 권합니다. 어려움 속에서도 명랑한 반항아처럼 창의력을 발휘하여 삶의 급작스러운 전환과 변화에 유연하게 적응하라는 것이지요.

여우는 고통을 창조적인 힘으로 변환하는 치유력을 우리에게 제공합니다. 이것은 아주 가치 있는 치유력이죠. 여우는 영리하고 직

"나의 성장을 방해하는 사람들에게는 내 모습을 숨깁니다. 나에겐 오직 이뤄야 할 목표가 있을 뿐, 낭비할 시간이 없으니까요."

관적이며, 전략적이고, 회복력이 강하며, 독립심 있고, 신속하게 생각하고 행동합니다. 예기치 않은 일을 반기며 이를 즐깁니다. 자신의 앞을 가로막는 사람들의 눈을 피해 전진하며 역경을 웃음거리로 만듭니다.

여우는 예측 불허한 일이 삶의 일부라는 것을 알고 있으며, 그것과 함께 춤을 추며, 그것을 재미있는 놀잇거리로 만듭니다. 여우는 우리가 바람과 같이 우아하고 가벼운 마음으로 모든 문제를 마주하기를 바랍니다. 그리고 겉모습에 얽매이지 말고 직관을 따르라고 말합니다.

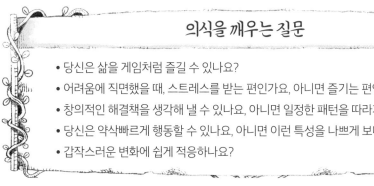

의식을 깨우는 질문

- 당신은 삶을 게임처럼 즐길 수 있나요?
- 어려움에 직면했을 때, 스트레스를 받는 편인가요, 아니면 즐기는 편인가요?
- 창의적인 해결책을 생각해 낼 수 있나요, 아니면 일정한 패턴을 따라가나요?
- 당신은 약삭빠르게 행동할 수 있나요, 아니면 이런 특성을 나쁘게 보나요?
- 갑작스러운 변화에 쉽게 적응하나요?

다람쥐
예비하는 지혜의 힘

"나는 마음 깊이 감사하며
어머니 대지로부터 필요한 것을 받습니다.
그리고 필요한 것보다 더 얻게 되면
사랑하는 마음으로 그것을 나눕니다."

다람쥐는 작지만 위대한 치유력을 나타냅니다. 그 치유력은 바로 자원을 수집하고 저장하는 기술이지요. 이 우아하고 활동적인 설치류 동물이 좋아하는 견과류를 갉아 먹거나 나무를 기어오르거나 가지 사이를 잽싸게 뛰어다니는 모습을 자주 볼 수 있습니다. 풍성한 꼬리 덕분에 다람쥐는 날아다니며 속도와 방향을 조절할 수 있습니다. 운 좋게 다람쥐의 날개 없는 비행을 목격한 사람들은 경이로워하고 놀라워합니다.

다람쥐는 작고 현명한 녀석이지요. 겨울이 올 것이기에 여름의 풍족함을 낭비하면 안 된다는 사실을 알고 있습니다. 부족과 결핍이 두려워 먹을 것을 비축하는 게 아니라, 어머니 대지에게 깊은 존경심을 품고 먹이를 저

장합니다. 다람쥐는 자연의 주기를 알고 있고 그 주기에 적극적으로 참여합니다.

다람쥐는 우리에게 풍요로운 자원을 어떻게 다루는지 가르쳐주고, 선견지명을 갖고 순환하는 시간에 대비함으로써 미래를 준비하는 방법을 보여줍니다. 필요한 때를 위해 에너지, 자원, 지식, 돈을 모으라고 알려주며, 우리 자신의 의도에 따라 무엇을 간직할지 선택하라고 합니다. 다람쥐는 먹이를 모아 안전한 곳에 보관합니다. 자신이 비축한 것을 빼앗으려는 이들로부터 먹이를 지키기 위해서입니다. 다람쥐는 노력이 헛수고가 되지 않도록 자신처럼 행동하라고 제안합니다.

의식을 깨우는 질문

- 당신이 원하는 미래를 위해 무엇을 비축해야 하나요?
- 자신에게 필요한 것을 모을 수 있나요?
- 모은 것이 너무 많을 때, 그것을 어떻게 놓아줄 수 있는지 알고 있나요?
- 자신이 가진 것을 다른 사람들과 공유할 수 있나요? 아니면 소유하길 갈망하고, 물건에 애착을 보이고, 모든 것을 자신을 위해 간직하려 하나요?

토끼
생명을 창조하는 힘

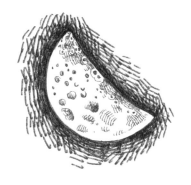

춘분을 관장하는 게르만 신화 속 태양의 여신 에오스트레(Eostre)의 화신인 토끼는 대지의 비옥함과 다산을 상징합니다. 또한 초승달, 동쪽, 배란 전 단계와 연관되며, 여성의 생애 주기로 본다면 '처녀' 단계에 해당할 것입니다. 이것은 새로운 시작의 상징이며, 씨앗에서 어린눈, 잎, 꽃을 거쳐 다가오는 계절에 열매가 될 여정을 완성하기 위해 깨어나는 생명을 의미합니다.

토끼는 민첩하고 경계심이 많으며 겁이 많지만, 결단력이 있는 동물입니다. 큰 귀에 튼튼한 발을 지녔고 풀만 먹으며 달빛 아래서 은밀하게 움직입니다. 도교의 전설에 따르면 토끼는 달에서 계수나무 그늘 아래, 절구에 불로초를 빻으며 산다고 합니다. 실제로 토끼는 장수의 상징이며 종종 생식력과 연관됩니다. 토끼는 해마다 몇 번씩 교배하며 새끼들을 매우 많이 낳습니다.

토끼는 무언가에 깜짝 놀라면, 달리기를 멈추고 숨어서 포식자의 움직임을 살피며 도망치기 가장 좋은 순간을 엿봅니다. 토끼는 봄의 새롭고 생기 넘치며 열매를 맺게 하는 기운이 우리에게 흘러들어 오기를 바랍니다. 또한 창조력을 받아들여 새로운 생명의 통로와 원천이 되라고 말합니다.

"나는 지구가 나에게 창조하라는
모든 것에 생명을 줍니다
나는 다가올 모든 가능성을 위해
나 자신을 둥지로 삼습니다."

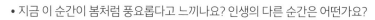

의식을 깨우는 질문

- 지금 이 순간이 봄처럼 풍요롭다고 느끼나요? 인생의 다른 순간은 어떤가요?
- 새로운 시작의 에너지가 당신을 얼마나 많이 두렵게 하나요?
- 그 에너지를 받아들이는 법을 배웠나요?

수탉
일깨우는 힘

"어떤 의식은 중요한 시간을 기억하고 기록하는 데 도움이 됩니다. 기억력을 향상시키는 데 이 의식을 활용해 보세요."

정력과 남성성, 활력과 연관되는 수탉은 닭장을 지배하며 보호하는 존재입니다. 수탉은 자신의 하렘을 이끄는 술탄 같습니다. 만약 자신의 영역과 병아리들을 보호해야 한다면, 수탉은 영토를 지키기 위해 공격적인 모습으로 변합니다. 수탉은 명확하게 정해진 사회적 계급 구조를 형성하며 번식 시기에 가장 뛰어난 성과를 보여줍니다. 수탉은 구애 행동 때문에 가부장적인 남성성의 전형으로 여겨지기도 합니다.

고대 그리스 신화에서 수탉은 달의 여신 아르테미스와 태양의 신 아폴론의 탄생을 지켜봤기 때문에, 두 신 모두와 연관됩니다. 수탉이 목소리 높여 울어서 모든 사람에게 밤이 새벽에게 자리를 내주고 새로운 태양이 떠올랐음을 알려주는 것은 우연이 아닙니다.

수탉은 우리가 미래를 내다보고, 심신을 단련하며, 행동을 절제하고 중요한 것에 집중하기를 바랍니다. 수탉은 깨어 있는 상태로 지금 이 순간을 인식하라고 합니다. 새로운

시대가 우리 앞에 다가와 우리가 기여하길 기
다리고 있으니, 더 이상 잠들어 있을 시간이
없다고 말합니다. 즉 우리가 여정을 시작하
기 위해 행동할 때 책임감을 가지라고 요구하
는 것입니다.

의식을 깨우는 질문

- 당신의 하루 리듬에서 빛과 어둠이 번갈아 가며 나타나나요?
- 당신은 일찍 일어나나요?
- 다이어리에 일정을 적어두나요, 아니면 긴급한 업무를 상기시키기 위해 알람 시계를
  맞춰놓나요?
- 당신에게 가장 좋은 알람 시계는 무엇인가요?

영양
위기에 대처하는 힘

> "내가 무엇을 해야 할지 알고
> 그것을 시도할 때, 모든 두려움은
> 의식의 빛 속에서 사라집니다."

길고 휘어진 뿔을 지닌 영양은 아프리카, 아시아, 아메리카의 광활한 평원에서 큰 무리를 지어 우아하게 풀을 뜯습니다. 주변의 큰 포식자가 위협하고 있음을 감지하면 영양은 지체 없이 최대한 빠르게 달아납니다. 영양의 방어기제는 바로 속도입니다. 영양은 항상 다른 동물의 먹잇감이 되기 때문에 빠른 속도를 활용해서 도망칩니다.

영양은 지혜롭고 총명하며 에너지가 넘치는 동물로, 스트레스 상황에서도 생존하고 번성하기 위해 자원과 기술을 어떻게 활용해야 하는지 우리에게 가르쳐줍니다. 영양은 어려운 상황에 민첩하게 대처하여 최대한 빠르게 문제의 해결책을 찾고 새로운 기회를 만들 수 있도록 격려합니다.

영양은 자신과 주변 환경에 주의를 기울이고 객관적인 관점에서 관찰한 뒤 의식적으로 행동하라고 말해줍니다. 또한 두려움을 힘과 결단력, 용기로 바꾸라고 말합니다.

이 동물은 자신이 할 일을 미루거나 다른 이에게 맡기지 않습니다. 무엇을 할지 명확하게 선택한 순간, 영양은 그저 행동합니다. 여러 선택지 사이에서 망설이거나 우유부단한 모습을 보이지 않습니다. 어떤 행동과 움직임이 올바른 것인지 알고 있기 때문입니다. 몸과 마음, 영혼의 목소리는 영양의 내면에서 완벽한 조화를 이룹니다. 그리하여 영양의 몸과 마음, 영혼은 하나가 되어 영양을 이끌어 갑니다.

여러 문화권에서 영양은 책임감 있는 행동, 강한 육체, 민첩한 정신과 연결됩니다.

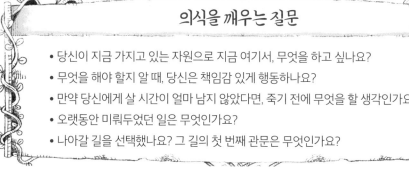

의식을 깨우는 질문

- 당신이 지금 가지고 있는 자원으로 지금 여기서, 무엇을 하고 싶나요?
- 무엇을 해야 할지 알 때, 당신은 책임감 있게 행동하나요?
- 만약 당신에게 살 시간이 얼마 남지 않았다면, 죽기 전에 무엇을 할 생각인가요?
- 오랫동안 미뤄두었던 일은 무엇인가요?
- 나아갈 길을 선택했나요? 그 길의 첫 번째 관문은 무엇인가요?

기린

폭넓은 관점의 힘

> "내 마음속의 사랑이 퍼져 나갈 때,
> 나는 높은 경지에 이르러 더 넓은 관점에서
> 모든 것을 받아들일 수 있습니다."

다리와 목이 매우 긴 기린은 그 압도적인 모습으로 많은 문화와 전설에서 중요한 역할을 했습니다. 아프리카에서는 신들의 전령, 천국과 지상을 잇는 가교, 평화와 조화의 전조로도 여겨지지요. 높은 곳에서 내려다보는 그들의 폭넓은 시야는 우리의 사고의 폭을 넓힐 수 있는 능력에 비유할 수 있습니다. 기린은 어떤 결핍과 불행도 뛰어넘을 수 있는 힘과 달콤한 은혜와 축복, 천상의 사랑을 얻을 수 있는 능력을 상징합니다. 우리가 마주하는 어려움이나 장애물은 기린의 시야로 보면 작고 하찮게 느껴질 수 있기 때문이죠.

초원에서 자유롭게 뛰어다니는 기린의 온화한 성격은 사랑과 평화를 추구하는 마음을 보여줍니다. 그들은 우리에게 넓은 시야, 온화한 마음, 사랑과 평화를 추구하는 삶의 방식을 가르쳐줍니다(소말리아어로 '기린'을 뜻하는 단어에는 '미소'라는 뜻도 있습니다). 기린이 위쪽을 향해 목을 치켜드는 모습에서 우리는 영혼의 눈으로 세상을 바라봐야 한다는 것을 배웁니다. 동정심, 공감, 이해 등의 고귀한 자질을 길러야 한다는 것도 깨닫게 됩니다.

마셜 로젠버그의 '비폭력 대화' 혹은 '기린의 언어'는 갈등 해결과 평화로운 대화를 위한 방법론입니다. 그는 기린의 온화한 성격과 감수성을 기반으로 이 대화법을 개발했습니다. 기린의 언어는 공감적 이해와 진실한 표현을 중심으로 하며, 상대방의 감정과 필요를 인정하면서도 자신의 감정과 필요를 솔직하게 표현하는 방식이기 때문이죠.

기린은 우리에게 정신을 고양시키고 고개를 높이 들어 사랑의 길을 걸어가라고 말합니다. 우리 영혼의 지혜를 주변으로 퍼뜨리도록 격려합니다.

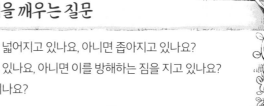

의식을 깨우는 질문

- 당신의 마음은 사랑으로 가득 차 넓어지고 있나요, 아니면 좁아지고 있나요?
- 고개를 높이 들고 자유롭게 걷고 있나요, 아니면 이를 방해하는 짐을 지고 있나요?
- 영혼의 시야로 볼 때 무엇이 보이나요?

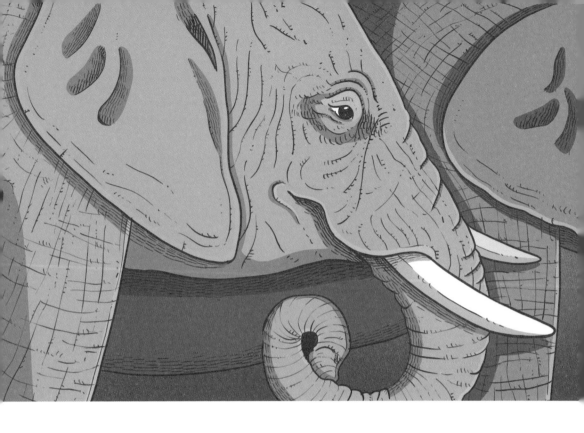

코끼리

취약함의 힘

"자신의 취약함을 보여주면서
감정을 드러내는 것은 약점이 아닙니다.
자신의 삶과 자신을 수용하는 것입니다."

인도에는 "만약 모든 것이 회색으로 보이면, 코끼리를 옮겨라."라는 속담이 있습니다. 인도 사람들이 속담에서 이 특별한 동물을 선택한 이유는 분명 코끼리의 거대한 크기 때문일 겁니다.

코끼리는 사람처럼 오래 살며, 뛰어난 기억력을 가지고 있습니다. 그들은 자신의 힘을 지혜롭게 활용하고, 약한 자를 보호하며, 호기심이 많고 깊은 감성과 공감 능력을 갖췄습니다.

자신의 존재를 인식할 수 있어 거울 속의 자신의 모습을 알아볼 수 있으며, 무리의 다른 코끼리가 죽었을 때 슬픔과 애도의 감정을 드러냅니다. 코끼리의 눈물은 사진에서도 종종 포착되는데, 이러한 눈물은 코끼리가 느끼는 애정과 동정을 우리에게도 전달합니다.

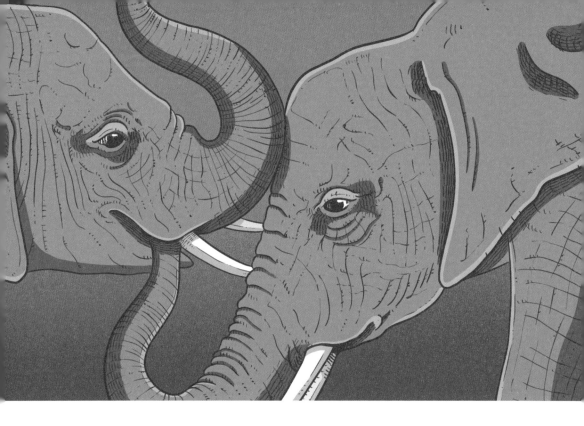

코끼리는 우리에게 불편한 감정을 포함하여 모든 감정을 받아들이라고 말합니다. 그리고 고통, 슬픔, 울음이 정상적인 것이라고 말합니다. 이러한 감정은 우리가 다양한 감정을 느끼고 있음을 보여주는 신호입니다. 이 신호는 아무리 감추고 억누르려 해도 약해지지 않습니다.

코끼리는 거대하고 강한 존재라 할지라도 감정을 느낄 수 있다는 것을 말해줍니다. 이러한 감정은 어린아이뿐만 아니라 성인에게도 필요합니다. 자신의 감정을 간직하고 존중할 때 우리는 기억력을 향상시킬 수 있으며, 다른 사람들과 더 깊고 의미 있는 관계를 맺고 자신만의 감정을 통해 세상을 경험할 수 있습니다. 때때로 우리의 감정이 타인과 공감대를 이루는 바로 그 순간, 공감의 마법이 펼쳐집니다.

의식을 깨우는 질문

• 감정을 자유롭게 표현하는 편인가요? 아니면 감정 표현이 어려운가요?

• 자신의 약점을 솔직히 내보일 수 있나요?

• 울고 싶은 상황에 처했을 때 당신은 마음껏 울 수 있나요?

멧돼지
길들일 수 없는 힘

멧돼지는 고대 켈트족의 종교인 드루이드교의 문화와 힌두교 신화에도 등장하며 모든 개인의 영적 각성과 우주의 물리적, 영적 현실을 완전히 인식하는 것을 상징합니다. 이것은 환상으로부터 자유로워진 상태입니다.

파괴적이고 문제를 일으키는 유해 동물로 여겨지는 멧돼지가 깨달음의 상징으로 여겨진다는 것은 이상하게 느껴지기도 합니다. 하지만 멧돼지가 유해 동물로 여겨지는 것은 최근 멧돼지의 천적이 줄면서 멧돼지가 비정상적으로 증가했기 때문입니다. 멧돼지 자체의 본성이나 그 의미가 변한 것이 아니라 인간에 의해 생태계가 변화하면서 일어난 결과일 뿐입니다.

켈트족은 멧돼지를 소중한 토템으로 여겨 전투에 데리고 다녔습니다. 멧돼지의 기운을 얻기 위해 무기와 방패에 멧돼지 형상을 새겼지요. 그리스 신화의 영웅들에게 덩치 큰 야생 멧돼지는 대적할 만한 가치가 있는 상대였

"모든 것을 잃어버린 것 같다면,
당신의 야성적인 면을 돌아보세요.
다시 집중하는 데 필요한 힘을
되찾을 수 있을 것입니다."

습니다.

실제로 멧돼지는 인내, 복수, 길들일 수 없는 야성의 무자비한 힘을 상징합니다. 야생 멧돼지는 우리가 길을 잃거나 방향을 잃고, 지치거나 둔해질 때마다 그 힘을 어떻게 불러내는지 가르쳐줍니다.

우리의 야성은 생명의 원천인 숲과 어둡고 습한 대지와 연결되어 있습니다. 멧돼지가 그러한 환경에서 살아가며 그 힘과 에너지를 얻듯이 우리 인간도 자연과의 깊은 연결을 통해 자신의 힘과 에너지를 찾아내고, 그것을 지속적으로 유지하고 발전시켜 나갈 수 있습니다. 멧돼지는 이런 야성 본능이 앞으로 나아가는 힘이라는 것을 알려줍니다.

의식을 깨우는 질문

• 당신이 정말 소중한 보물을 지켜야 할 때 자신감 있게 맞서 싸우며, 불굴의 의지로 나아갈 수 있나요?
• 당신의 야성이 얼마나 두려운가요?
• 야성과 내면의 힘을 찾기 위해 노력하고 있나요?

유인원
호기심의 힘

동물의 왕국에서 유인원은 외양이나 행동이 가장 '인간적인' 생명체입니다. 유인원의 지능과 학습 능력은 인간에 비견할 만합니다. 실제로 유인원은 도구를 사용할 줄 알며 우리 인간처럼 소통하고 감정을 드러내기도 합니다.

서구 문화에서 유인원은 원시적인 충동, 심각한 악행, 인간의 하등한 자아의 화신입니다. 규칙과 질서, 통제 없이 본능적인 욕구를 표출하고 그 욕구에 지배되는 자아이지요. 반대로 불교 전통에서 유인원은 지성과 감수성, 끝없이 발전하는 인식의 상징입니다. 이런 자질로 인해 유인원은 모든 동물 중에서 가장 지혜로운 동물이며 진화 단계에서 가장 인간에 가까운 존재가 되었습니다.

유인원은 탐구하고 배우고 알려는 욕구에 이끌려 본능적으로 놀이를 좋아합니다. 아이 같은 유머 감각을 지닌 유인원은 다른 개체들과 함께 있는 것과 장난치는 것을 좋아합니다. 창의적이고 즉흥적이며, 잘 까불고 무례하기도 하지요.

유인원은 우리에게 호기심을 더 키우라고 말합니다. 우리가 아이였을 때 지금보다 삶이 더욱 재미있고 즐거웠던 것을 기억하라면서요. 호기심은 새로운 것을 배우고 경험을 쌓고 모험을 하는 데 꼭 필요합니다. 호기심이 없으면 우리는 높은 나무에 오르지도 않고 새 친구를 만들지도 않으며 새로운 사랑에 마음을 열 수도 없지요.

> "호기심은 당신을 틀 밖으로 나오게 합니다. 그러면 기대치 않은 즐거움을 발견하고, 당신에게 걸맞은 아름다움을 받아들이게 될 겁니다."

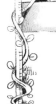

의식을 깨우는 질문

- 당신은 호기심 많은 아이였나요? 지금은 어떤가요?
- 자기 절제력을 지니고 있나요? 본능을 어떻게 다루나요?
- 당신에게 호기심은 위험인가요, 아니면 기회인가요?

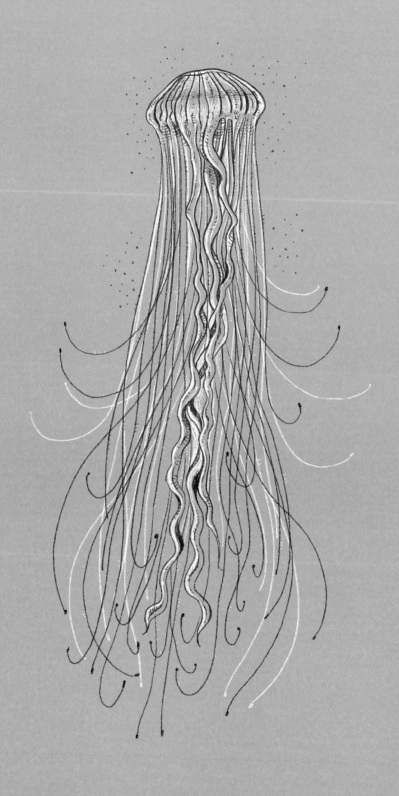

물의 동물

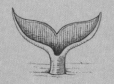

물에 속한 동물들은 우리의 내면과 감정, 우리 안에
숨겨져 있지만 다가갈 수 있는 모든 곳으로 우리를 데려갑니다.
물은 스스로의 힘으로 목적지까지 길을 만들어갑니다.
물의 동물은 자유로운 변화와 전환을 이야기합니다.
또 강한 흐름 뒤에 생기는 침체에 대해서도 이야기합니다.
급류가 지나간 후에는 그 자리에 물이 고이는 것처럼 말이죠.
이 동물들은 우리가 의식적으로든 무의식적으로든
내면과 유연하게 소통하고 내면의 탐구와 발전적 변화를
꾀하길 바랍니다. 그리고 그들은 우리가 생각보다
훨씬 더 물과 가깝다는 것을 알려주지요.

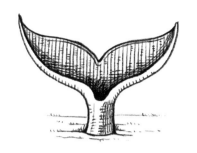

고래
위대한 기록의 힘

고래는 지구에 살았던 조상들의 기억을 지키는 존재입니다. 고래는 아카샤(akasha, 인도 철학에서 만물의 근원으로 여기는 물질) 영역의 안내자로서 우리가 고대의 지식에 접근할 수 있게 해줍니다. 고래가 주는 치유력은 기억이고, 고래는 우리 내면에 존재하는 침묵의 공간을 열어줍니다. 맑은 물처럼 우리의 감정을 흘려보내며 지식을 받아 전달합니다.

이누이트 문화에서 고래는 어부들의 강력한 수호자이자 영혼의 안내자입니다. 고래는 육지와 바다 세계를 연결하는 신성하고 영적인 통로로 여겨집니다. 고래는 큰 몸집으로 열대 바다에서 거대한 대양까지 지구의 모든 바다를 헤엄치며 종에 따라 서식지를 선택합니다.

불교를 포함한 여러 전통과 전설에서 고래는 별에서 왔다고 합니다. 인간을 영적으로 고양시키고 영혼과 다시 연결시키기 위해 탄생한 존재이지요. 태곳적부터 고래는 우리에게 별의 노래를 선물했고, 우리는 그 노래로 우리 자신의 예민한 몸을 치유해 왔습니다.

고래는 우리에게 소리와 주파수를 지식을 얻는 수단으로 사용하라고, 우리 영혼의 영적 에너지에 몰두하라고 가르칩니다. 이 현명한 수호자는 우리의 더 높고 깊은 자아를 상징하며 우리가 노래와 침묵을 통해 그 고귀한 자아에 도달할 수 있다고 말합니다. 고래가 주는 치유력으로 우리는 우리 자신의 목소리를 찾고 우리의 노래가 하늘 높이 울려 퍼지게 할 수 있을 겁니다.

"당신의 목소리와 노래를 찾으세요. 그리고 영혼의 지식을 받아들일 수 있도록 마음을 열어두세요."

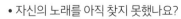

의식을 깨우는 질문

- 자신의 노래를 아직 찾지 못했나요?
- 자신의 목소리를 막힘없이 표현할 수 있나요?
- 존재의 심연을 거리낌 없이 파고드나요, 아니면 그것을 알게 되는 게 두려운가요?

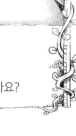

돌고래
영원한 동심의 힘

돌고래는 항상 인간의 친구이자 믿을 수 있는 동맹으로 여겨져 온 포유동물입니다. 사실 지구의 거대한 자궁인 바다와 관련된 모든 이야기의 주인공은 바로 돌고래입니다. 호메로스에 따르면 훗날 델포이 성소가 세워진 곳으로 크레타 상인들의 배를 이끈 것은 돌고래였습니다. 돌고래는 신성한 동물이자 아폴론 신을 상징하는 동물입니다. 그래서 이 성소의 이름 '델포이'는 '돌고래'를 의미하는 단어 '델피스(delphis)'에서 유래했습니다. 그리스어에서 '델피스'는 '자궁'을 의미하기도 합니다.

돌고래는 우리 안에 있는 내면 아이, 또는 장난기 넘치고 열정적인 모험가들의 활기차고 즐거운 에너지와 연결됩니다. 돌고래는 숨을 쉬기 위해 정기적으로 수면 위로 올라와야만 하지만, 그것까지도 재미와 즐거움을 느낄 기회로 바꿉니다.

"모든 것이 반복된다는 것은 환상입니다. 언제나 매 순간을 새롭게 사는 것. 그것이 참된 것입니다."

돌고래는 수면 위로 올라와 신선한 공기를 즐기고 다른 시각으로 세상을 탐험하며 새로운 만남에 마음을 열어둡니다. 그래서 돌고래는 우리가 항상 아름다움을 찾아 나설 때 마주하는 어려움을 성장과 발견의 기회로 볼 수 있도록 긍정적인 정신적 태도를 지니라고 권합니다.

이 특별한 행동 덕분에, 돌고래는 영적 수행에서 중요하게 여겨지는 호흡법과 연결되어 있습니다. 돌고래의 깊은 호흡은 외부의 자극으로부터 벗어나 현재 자신의 내면에 집중하는 명상의 호흡법과 같습니다. 따라서 고래는 명상 상태에 계속 머무르며 항상 '현재'의 순간을 살아갈 수 있답니다.

의식을 깨우는 질문

- 살아 있다는 것 자체에 기뻐하고 감사하나요?
- 협동과 이타주의에 우호적인가요?
- 당신의 내면 아이와 연결되어 있나요? 주저하지 않고 재미를 느끼나요? 기뻐할 수 있도록 마음을 열어두나요?
- 당신은 즉흥적인 사람인가요?
- 자신의 심연으로 내려갔다가 표면으로 다시 올라오며 의식적으로 호흡하나요?

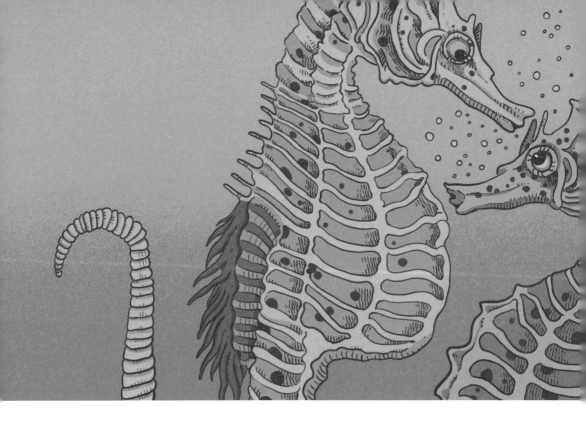

해마

반려를 향한 사랑의 힘

"정말 소중하고 중요한 보물이 있습니다.
그래서 그것을 발견했을 때,
다른 것은 중요하지 않습니다."

침착하고 인내심 많으며 여유로운 이 바다의 작은 용은 낭만적이고 배려심 많은 연인입니다. 해마는 한번 짝을 정하면 평생 사랑합니다. 둘 중 하나가 죽으면 남은 하나는 새로운 짝을 찾지 않고 다른 무언가에 여생을 바칩니다.

한 전설에 따르면, 해마의 기원은 슬프면서도 아름답습니다. 서로 사랑에 빠진 말 두 마리가 사냥개들에게 쫓기다가 바다 위의 절벽에 이르렀습니다. 그들은 사냥개에게 잡히느니 물속으로 함께 몸을 던져 생을 마감하

자고 결심했습니다. 그러나 바다에 빠지면서 마법이 일어나, 그들은 지금 우리가 알고 있는 해마의 모습으로 변했습니다. 그 이후로 해마는 그 위대한 사랑을 기리며 열정과 깊은 결합, 완전한 융합으로 낭만적인 관계를 유지

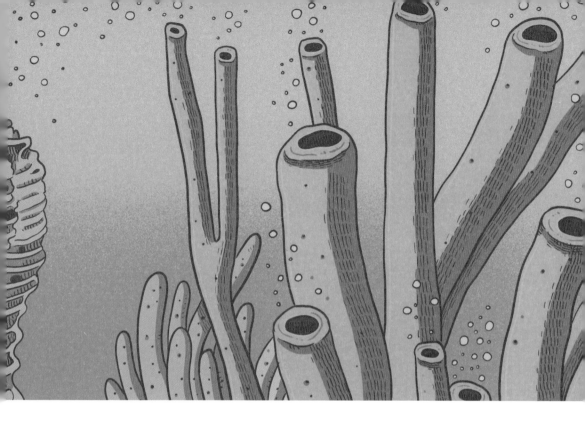

합니다. 또한 부부 관계의 핵심인 강한 유대를 이루며 살아갑니다.

매일 아침, 두 연인은 사랑을 기념하고 다시 확인하기 위해 꼬리를 서로 엮어 춤을 춥니다. 해마는 수컷이 임신하고 출산을 합니다. 수컷의 작은 육아낭에는 암컷이 이전에 낳은 무수히 많은 알이 들어 있습니다.

해마는 배려심을 갖고 우리에게 가장 중요한 사람들을 소중히 여기며, 일부일처 관계를 선택했다면 배우자에게 충실해야 한다는 것을 가르칩니다. 부부의 사랑이란 키워나가고 존중하고, 춤으로 기념하며 매일 다시 확인해야 하는 것이라고 말합니다. 부부 사이의 불꽃을 언제라도 다시 일으킬 수 있도록, 고심해서 배우자를 선택해야 한다고도 말합니다. 부부는 항상 새로운 마음으로 서로에게 헌신하고, 계획을 공유하며, 일체감을 느껴야 합니다.

의식을 깨우는 질문

• 당신이 이상적으로 생각하는 관계는 어떤 관계인가요?

• 다른 사람에게 느끼는 사랑에 대해 책임질 각오가 되어 있나요?

• 당신이 생각하는 이상적인 파트너는 어떤 성격이길 바라나요?

• 로맨스를 좋아하나요?

불가사리
집착을 버린 마음의 힘

"이 세상 모든 것의 고유한 아름다움을 즐기세요. 다른 곳에서 더 많은 것이 오겠지만, 어떤 것도 서로 같지 않을 것입니다."

팔이 넷, 다섯, 여섯, 일곱 또는 여덟 개인 별들이 보름달 밤에 바다로 떨어져 깊은 바닷속까지 빛과 희망을 가져다주었습니다. 아틀란티스라는 존재에 매혹되었던 별들은 아틀란티스 사람들에게 그들이 우주를 비롯한 수많은 세계에서 살아왔다는 것을 알려주었고 이 해저 도시는 그 도시 중 하나일 것이라고 말했습니다.

바닷속의 별 불가사리는 집착하지 않는 것의 상징이 되었으며, 사람들에게 삶의 흐름을 따르며 놓아주어야 할 것은 놓아주는 것을 연습하게 합니다. 그때부터 불가사리는 수정처럼 맑은 바닷속에서 이 메시지를 전달하고 있습니다.

인간들은 불가사리에 매료되어, 이 생명체를 발견하면 마치 하늘의 별을 따려는 듯이 바로 잡으려고 합니다. 하지만 기억해 주세요. 불가사리를 물 밖으로 꺼내면 단 몇 초라 해도 생명이 위험해집니다. 마치 우리 머리 위에서 빛나는 별들처럼요. 그러니 보기만 하고 만지지 마세요.

불가사리의 모양은 우주의 탄생을 떠올리게 합니다. 그리고 위에 있는 것이 아래에도 있음을 상기시킵니다. 별들이 하늘뿐만 아니라 바닷속에서도 빛나는 것처럼. 우리의 다양한 관계, 가족, 경험을 통해 함께해 온 멘토처럼, 불가사리는 우리에게 어둠 속에서 빛을 찾도록 격려합니다.

불가사리는 바다에서 태어난 미의 여신 비너스의 상징이기도 합니다. 흥미롭게도 하늘의 비너스 금성은 아침과 저녁에만 볼 수 있는데 아침에 보이는 금성은 특히 밝게 빛나 샛별이라고 부릅니다. 매일 아침 우리에게 빛을 선물하고 있지요.

의식을 깨우는 질문

- 자신의 존재 안에서 집착하지 않는 것을 연습하나요?
- 당신은 이 행성에서만, 인간의 모습을 한 채로만 살아왔다고 생각하나요?
- 어떨 때 별들에 매혹되나요? 별을 보면 어떤 생각이 드나요?

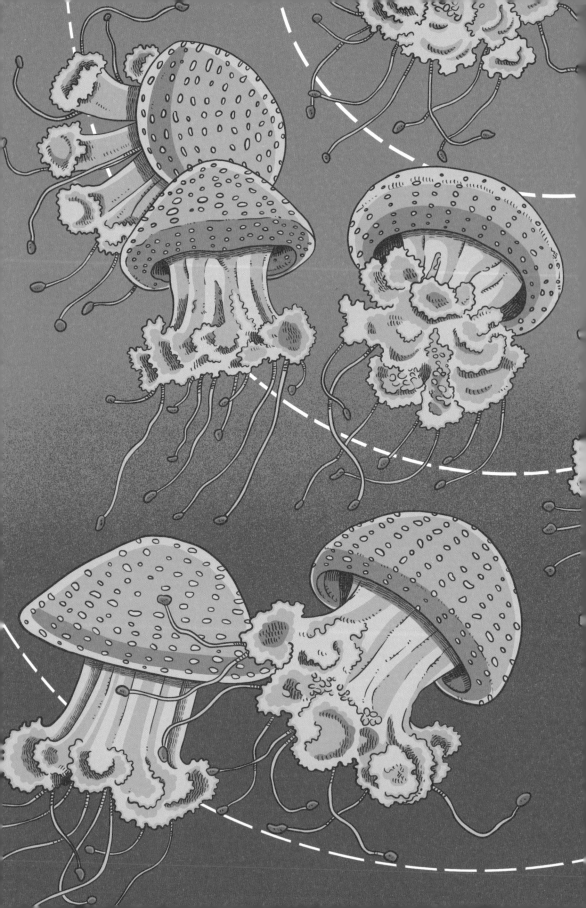

해파리
수용의 힘

해파리는 매우 오래된 동물로, 근본적인 치유를 상징합니다. 근본적인 치유란 삶과 우주 전체를 움직이는 에너지의 흐름에 순응하는 능력을 말합니다. 흐름에 순응하는 능력을 배우면 조화롭게 살아갈 수 있도록 마음이 가벼워집니다. 긴장과 걱정, 강박 없이 여유로운 존재가 되지요. 이런 상태가 되면 과거를 부드럽게 놓아주고 미래를 향해 다정하게 마음을 열 수 있습니다.

이렇게 하기 위해 우리는 삶을 신뢰해야 합니다. 믿음이 가지 않는 누군가를 어떻게 신뢰할 수 있을까요? 해파리는 우리에게 삶을 신뢰하는 방법을 가르쳐줍니다.

해파리는 자신의 움직임을 통제하지 않습니다. 그저 물을 믿고 물의 흐름에 순응합니다. 파도와 어우러지며 그 일부가 됩니다. 다른 방식으로는 움직일 수 없어서 물의 흐름에 몸을 맡기는 게 아닙니다. 사실 해파리는 수영을 무척 잘하며 촉수로 몸을 조종할 수 있

"마음을 깨끗이 하고
순수한 마음으로 명상하세요,
삶의 흐름을 믿으세요. 그 흐름을 타면
당신이 가야 할 곳에 이를 거예요."

는데도 그런 선택을 한 것입니다.

해파리의 촉수는 매우 따가워서, 해파리가 가는 길을 지나다가 해파리의 촉수와 닿으면 심하게 아플 수도 있습니다.

또한 해파리의 몸은 완벽하게 대칭을 이루며, 투명해서 몸 안에 담긴 것을 숨기지 않습니다. 해파리는 자신의 몸처럼 우리의 마음을 맑게 하고 우리 내면의 공간을 창조하며 삶의 흐름을 방해하고 제한하는 걱정과 생각을 내려놓으라고 말합니다.

해파리는 자신감 있으면서도 부드럽고 열린 마음으로 변화를 받아들이도록 우리를 격려합니다.

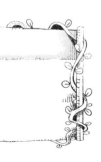

의식을 깨우는 질문

- 당신은 어떤 방식으로 변화해 가고 있나요?
- 당신은 삶과 자신을 얼마나 신뢰하나요?
- 당신은 삶의 흐름에 자신을 맡길 수 있나요?

개구리
정화하는 물의 힘

개구리는 물과 뭍 사이에서 생활하는 양서류로, 수 세기에 걸쳐 진화하며 적응, 재생, 방어의 상징이 되었습니다. 고대 종교에서 태초의 여신들은 종종 개구리와 닮은 모습을 하고 있습니다. 이 동물은 다산과 출산뿐만 아니라 창조와 재생과도 연관되어 있습니다. 고대 이집트의 우주 창조 신화에 따르면, 머리가 개구리인 창조의 어머니 여신 헤케트 (Heket)는 수정, 출생, 죽음 이후의 부활을 관장했습니다. 신석기 시대에 제작된 것으로 추정되는 개구리 모양의 조각상이 유럽, 중앙 아시아, 남아메리카에서 발견되었는데, 이 개구리 조각상은 다리를 벌리고 쭈그리고 앉아 있으며 음부가 돌출되어 있습니다. 이러한 모습은 여성이 출산할 때 취하는 자연스러운 자세를 떠올리게 합니다.

이 특별한 동물의 변태 과정은 인간의 출생 과정에 비교할 수 있습니다. 개구리도 우리와 마찬가지로 물로 채워진 자궁에서 자랍니다. 새로운 맥락에서 삶을 경험하기 위해 뛰어오를 준비가 될 때까지요. 삶은 개구리가 태어난 물처럼 유동적이지요.

최면을 거는 듯한 개구리의 울음소리는 하늘의 물을 땅으로 내려주어 말라붙은 것들을 살려달라는 기도입니다. 진흙이 굳어 함정이 되지 않게 하기 위해서죠. 개구리는 우리 자신에게 새로운 에너지를 불어넣고 우리의 감정에 귀 기울이라고 말합니다. 우리의 에너지도 감정들도 모두 흘러가게 두어야 하죠. 개구리는 우리를 정화하기 위해 몸에서 흐르는 성스러운 물인 눈물을 존중해야 한다고 알려줍니다.

의식을 깨우는 질문

- 당신은 자신이 처한 평안하지 못한 환경과 조화롭지 않은 관계에서 스스로 벗어나 새로움을 추구할 수 있나요?
- 자신의 에너지를 고갈시키는 무엇인가가 있나요?
- 자아를 회복하기 위한 당신만의 방법이 있나요?
- 자신의 능력을 넘어서는 힘에 부딪힐 때 도움을 청할 용기가 있나요?

백조
믿음과 기다림의 힘

"인내하세요, 당신이 겪고 있는 과정을 믿으세요. 시간이 말해줄 것이고 은총이 찾아올 것입니다."

미운 오리 새끼 이야기를 기억하나요? 이 이야기 속 주인공은 오리들 사이에서 서투르고 볼품없으며, 야위고 못난, 이상하고 이해할 수 없는 존재였습니다. 하지만 그는 결국 백조가 되었습니다. 못난이로 여겨진 건 백조로 변신하는 과정이었지요.

미운 오리 새끼는 자신의 변화 과정을 이해하지 못하는, 아무 상관없는 영혼들에게 둘러싸여 있었어요. 미운 오리 새끼 주변에는 그와 같은 변신을 할 수 있는 이들이 없었기 때문이죠. 그러나 미운 오리 새끼는 인내심을 가지고 자신이 겪는 변화의 과정이 완료될 때까지 기다렸고 그 결과, 우아하고 기품 있는 멋진 백조가 되어 진짜 가족을 만나게 되었죠.

이 이야기는 신비한 변신 과정을 우리에게 이야기해 줍니다. 그리고 그 과정을 거치기 위해서는 믿음을 가지고 은총에 마음을 열어야 한다고 말하지요.

여러 문학 작품과 연극, 무용 작품에서 백조를 찬미했습니다. 백조는 그 모습 덕분에 우아함, 아름다움, 순수함의 상징으로 자리 잡았습니다. 맑은 물에서 유유자적하는 순백색 백조는 보는 이를 기쁘게 합니다.

백조는 우리가 경험하는 것에 다정하게 의지하고, 앞으로 겪을 과정을 신뢰하라고 권합니다. 마음을 열고 우리 영혼의 위대함과 아름다움을 받아들이기 위해 필요한 단계이기 때문이지요.

이해하기 힘든 일을 다루는 것은 어렵고 고통스러울 수 있지만, 그것은 우리가 도약하여 숨겨진 내면으로 들어가기 위한 필수 과정입니다. 우리의 숨겨진 내면은 오랫동안 우리를 기다리고 있었답니다.

의식을 깨우는 질문

- 어떤 변화 과정을 겪고 있나요?
- 수용과 부활의 단계 이후에 은총을 받는 듯한 느낌을 알고 있나요?
- 믿고 기다릴 수 있나요?

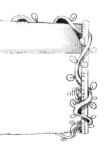

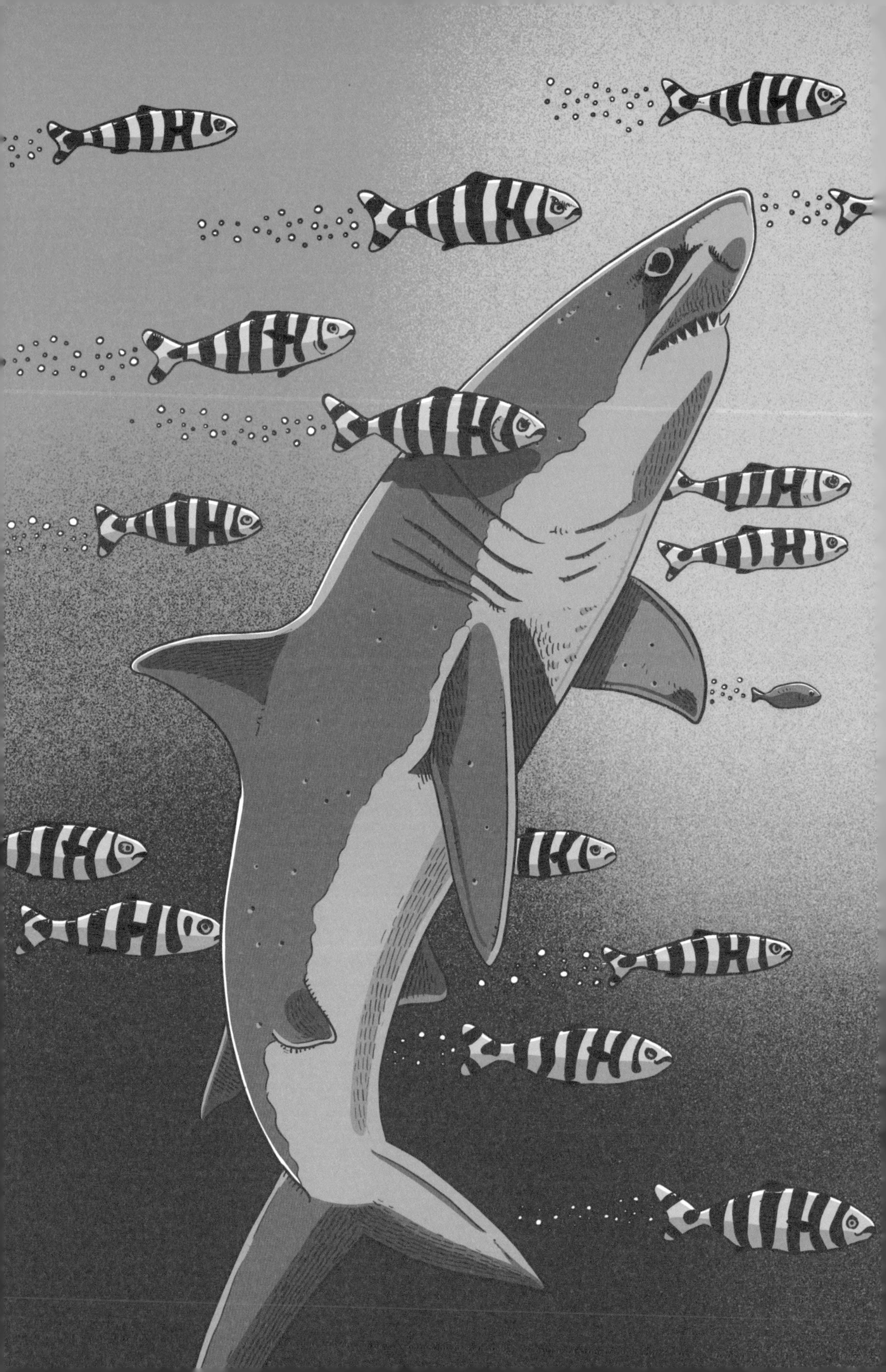

상어
무의식 속 포식자의 힘

상어는 조용히 숨어 있다가, 일부러든 우연히든 수영하는 사람들을 갑작스럽게 공격해 피바다를 만드는 악마의 모습으로 많은 사람들의 상상 속에 뿌리박혔습니다. 몇 센티미터에서 몇 미터까지 크기가 다양한 이 사냥꾼은 경탄과 공포를 동시에 불러일으킵니다.

실제로 상어는 아직도 공포를 일으키고 있고, 오랜 세월 동안 인간이 가장 많이 노리는 사냥감이었습니다. 날카로운 이빨, 커다란 입, 재빠른 몸짓 때문에 상어는 활기차고 단호하며, 치밀하고 은밀하며 공격적입니다. 그래서 상어는 강력하고 회복력이 강한 위엄 있는 동물로 여겨집니다. 폴리네시아, 피지, 하와이, 호주 등지에서는 상어의 특징을 지닌 여러 신이 그 지역과 거주민들을 보호합니다.

상어는 우리 무의식 속에 있는 포식자의 힘을 상징합니다. 무의식 속의 포식자는 우리를 방해하며, 그것이 나타나는 순간은 강렬하며 힘들고 고통스럽습니다. 하지만 무의식 속의 포식자는 불편한 역할을 하는 우리의 동맹입니다. 우리가 이전의 경험에서 교훈을 얻었는지 확인하기 위한 시험관이라고 할 수 있습니다.

상어의 출현은 결코 기분 좋은 일이 아닙니다. 무의식은 상어처럼 과거의 트라우마를 종종 드러내며, 우리가 아직 보지 못하거나 인식하지 못한 감정의 상처를 보여줍니다. 우리를 강력하게 끌어당기고 놓아주지 않습니다. 우리가 그 상처를 인식할 때까지, 그리고 그 상처를 보듬고 닳고 닳은 상처를 바닷속으로 흘려보내 새로워지기로 결단할 때까지 말이지요.

"나는 당신이 전혀 예상치 못할 때
나타나 당신이 자신의 상처를 발견하고
인지하여 치유할 수 있게 도와줄 겁니다."

의식을 깨우는 질문

- 오래된 상처가 덧났을 때는 어떻게 대처하나요?
- 당신을 불편하게 만드는 이들을 귀한 동료로 여기나요? 아니면 포식자가 되어 그들을 괴롭히나요?
- 당신이 공포를 느끼는 것은 무엇인가요? 상어도 그중 하나인가요?

범고래
전통의 힘

"당신의 뿌리는 당신이 물려받은 힘과
지식의 모든 근원을 간직하고 있습니다.
가족들을 잘 보살펴 주세요."

범고래는 지구상에서 가장 큰 돌고래이며, 다양한 형태로 모계 집단을 이뤄 생활하는 포유류입니다. 한 지역에 자리 잡고 사는 무리, 이 해안에서 저 해안으로 이동하며 사는 무리, 먼바다에서 장거리를 이동하는 무리 등이 있습니다. 각 무리마다 특유의 복잡한 사냥 전략과 자신들만의 언어(즉, 세대를 이어 전승되는 방언)가 있습니다. 구성원들은 특정한 역할을 수행하며 무리의 활동에 참여합니다.

범고래는 창조적이고 놀이를 좋아하며, 총명하고 오래 삽니다. 범고래는 공동체 의식이 강합니다. 관계에서 감정을 표현하기도 하고 가족 무리 전체가 추구하는 공동의 목표를 이루기 위해 협력합니다. 그래서 범고래는 가족의 전통과 혈통을 수호하는 존재로 여겨집니다.

북아메리카 원주민 콰키우틀(Kwakiutl) 부족의 전설에 따르면, 부족의 조상 중 한 사람이 고래잡이를 하던 중에 번개를 맞고 바다에 떨어져 범고래로 변했고, 자신들은 그의 후손이라고 합니다.

범고래는 우리가 복잡하고 다양한 형태의

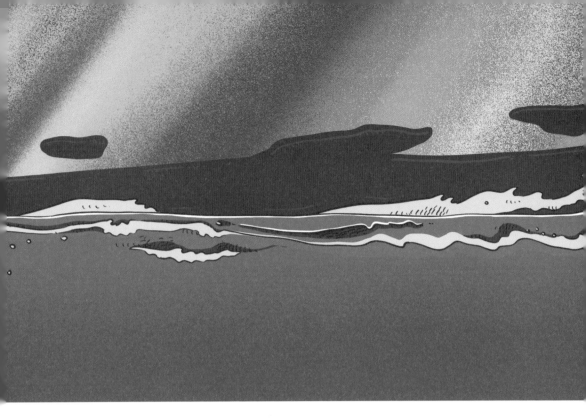

가족 체계에서 나왔다는 것을 상기시킵니다. 이 가족 체계는 존재의 모든 영역에서 살아남고 가문을 이어가기 위해 독특한 전략과 방식을 발전시켰습니다.

가문은 소중합니다. 그것은 우리의 뿌리를 보여주니까요. 그리고 우리가 그것을 이해하고 받아들일 수 있다면, 가문은 우리보다 앞서간 선조들의 경험으로부터 나오는 지식과 지혜, 힘의 끝없는 원천이 될 겁니다.

의식을 깨우는 질문

- 당신은 가문과 어떤 관계를 맺고 있나요?
- 선조로부터 물려받은 지식과 경험이 당신에게 가치가 있나요? 아니면 당신을 제약한다고 생각하나요?
- 전통과 어떤 관계를 맺고 있나요?

바다표범
이중성의 힘

아일랜드, 아이슬란드, 스코틀랜드의 신화에서는 바다표범을 수천 년 동안 특별한 가죽을 입고 물속에서 사는 여성이라고 믿었습니다. 필요할 때 그들은 이 가죽을 벗고 인간의 몸이 되어 육지에서 걸을 수 있습니다. 이들은 '셀키(Selkie)'라고 불리며, 여성 안에 깊이 내재한 야성을 상징합니다.

가부장적인 힘이 셀키의 야성을 억압하고 셀키를 사회에서 인정하는 고전적인 여성상에 끼워 맞추려 할 때마다, 바다표범인 그들 안에서 억누를 수 없는 본능이 솟구쳐 그들을 바다로 데려갑니다. 오래된 그 가죽을 입으려는 욕망은 절대 약해지지 않으며, 바다에 있는 가족들이 바닷속 고향으로 돌아오라고 셀키를 부릅니다.

> "우리는 땅에 속한 본성과
> 물에 속한 본성을 모두 갖고 있습니다.
> 양쪽을 탐험하며
> 살아가는 것은 건강한 일입니다."

그러면서도 필요한 순간에는 그 마법의 가죽을 벗고 스스로 육지로 돌아와서 육지 여성으로서의 삶을 누립니다.

공교롭게도 바다표범은 바로 그 가죽 때문에 여전히 사냥당합니다. 이 놀라운 포유동물은 바다와 땅 사이 어딘가에서 살며, 각각의 환경에 맞게 적응합니다. 바다표범은 존재의 이중적 측면을 경험하고 살아갈 기회를 상징합니다. 또한 우리의 내면과 외면에 있는 모든 것을 완전히 즐기기 위한 접근법과 자질을 발전시키는 능력을 나타냅니다.

바다표범은 우리가 깊은 물속에서 헤엄칠 때와 마른 땅을 걸을 때 얻을 수 있는 기회를 탐색하고, 두 가지 삶 모두를 충만하게 살아가라고 말합니다. 그리하여 우리는 더 건강해지고 행복해질 수 있지요.

의식을 깨우는 질문

- 깊은 물에 뛰어들면 당신에게는 무슨 일이 일어나나요? 어떤 느낌이 드나요?
- 마른 땅에서 따뜻한 빛을 즐길 때는 또 어떤 느낌이 드나요?
- 삶의 모든 측면에 내재한 이중성을 어떻게 다루나요?

홍학
균형의 힘

"균형을 잡고 우아하게 춤추는 법을 배우세요. 중심을 잡으세요. 거기서부터 당신을 날아오르게 할 순수한 사랑이 퍼져 나갈 겁니다."

홍학의 영어 이름 '플라밍고(flamingo)'는 '불꽃'을 뜻하는 라틴어 단어 '플람마(flamma)'에서 유래했습니다. 이 멋진 물새들이 줄지어 있는 모습을 보면 누구든 그 불꽃처럼 찬란한 색깔에 놀랍니다.

밝은 분홍빛 깃털은 조건 없는 사랑, 활짝 열린 마음을 떠올리게 할 뿐만 아니라 우리를 부드럽고 애정 어린 포옹으로 치유해 주는 모성적이고 낭만적인 사랑을 연상시킵니다. 홍학의 밝고 선명하며 강렬한 이 빛깔은 건강 상태, 활력, 번식력을 나타냅니다. 빨간색이나 흰색을 띠는 홍학도 있는데, 다른 먹이를 먹기 때문에 깃털의 색이 다릅니다.

홍학은 날씬하고 위풍당당하며, 지칠 줄 모르고 날아다니며, 친근하며 장수합니다. 무리 지어 생활하며 능숙한 무용수이자 곡예사입니다. 홍학은 한 다리로 서서 잠을 자고 휴식을 취합니다.

다른 서식지로 이동하며 염도 높은 호수에 머물기도 하는데, 호수에 긴 목을 완전히 담그는 모습도 종종 관찰할 수 있습니다.

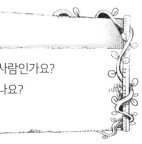

홍학은 완벽한 균형 속에서 살아가는 능력을 상징합니다. 홍학은 균형을 잡고 서 있을 수 있도록 중심축을 찾는 능력을 갖추고 있습니다. 홍학은 내면에서 퍼져 나가는 순수한 사랑 그 자체입니다. 이 사랑은 우리가 단순함과 아름다움을 추구하고 그것들을 남들과 나눌 수 있도록 해줍니다. 분홍빛은 넉넉히 베풀고 자유와 기쁨의 영적인 전령이 되어 날개를 펼치고 하늘 높이 날아가는, 제약 없는 마음의 힘을 상징합니다. 홍학은 우리에게 양극단 사이에서 끊임없이 우아하게 춤추라고 권합니다. 그러면서 균형이 주는 심오한 정의(正義)와 질서를 느끼도록 말이지요.

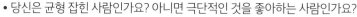

의식을 깨우는 질문

• 당신은 균형 잡힌 사람인가요? 아니면 극단적인 것을 좋아하는 사람인가요?
• 스스로 균형 잡힌 상태에 있다는 것을 깨달을 때 어떤 느낌이 드나요?
• 사랑을 전하고 퍼뜨리면 날아오르는 듯한 느낌이 드나요?

상상 속 동물

상상 속 동물들은 마법이 우리를 창조했다는 것을 상기시키는 존재지요.
이 동물들은 우리의 존재 자체가 불가사의이자 기적임을 말해줍니다.
증명할 수 없고 논리적으로 설명할 수 없으며 보이지 않는 것을 위한
자리를 만들어야 한다고 말합니다. 그들은 존재 자체로 우리 안에 있는
내면 아이의 환상과 상상력에 영양분을 주고, 우리의 마음을 가볍게 하고
기쁘게 합니다. 그리고 우리의 시야를 넓혀 그들이 구현하는
몽환적이고 비현실적인 마법의 세계에 마음을 열게 합니다.
상상 속 동물들은 모든 아이가 잘 알고 있는 그 광채를
어른이 된 우리의 눈에 되돌려 줍니다.

유니콘
순수한 영혼의 힘

매우 높은 영적 차원에 사는 유니콘은 여러 시대 동안 순수, 영혼의 고양, 불멸, 진리를 대표해 온 신화적인 존재입니다. 어떤 병도 치료하는 치유자이자 고결한 사랑의 에너지를 지닌 마법의 존재로 여겨집니다.

유니콘은 이마 가운데에 나선형으로 꼬인 뿔이 나 있고 꼬리가 무지개색인 흰 말의 모습을 하고 있습니다. 그들의 마법은 다양한 요소들을 변형시키고 변화시키는 무지개의 변형력과, 스펙트럼의 모든 색상을 담고 있는 하얀 빛과 관련이 있습니다. 하얀 빛은 모든 가능성과 다양한 조합을 표현합니다.

중세 시대, 유니콘의 뿔은 모든 병을 고치고 모든 독을 해독한다고 여겼습니다. 그래서 바이킹들은 일각고래의 뿔을 유니콘의 뿔이라고 속여 매우 비싼 가격에 팔기도 했지요.

이 존재가 우리에게 전달하는 메시지는 우리의 신성함과 순수한 영혼, 빛나는 진리를

"당신은 세상을 통해
진정한 자신을 깨닫기 위해
모든 색을 띤 순수한 빛입니다.
딩신의 영적 순수성을 존중하세요."

존중하라는 것과 인간의 어떠한 경험도, 아무리 끔찍한 경험도 그것들을 없앨 수는 없다는 것입니다.

유니콘은 우리가 다양한 의식 수준에 공명하는 다차원적인 존재이며 더 높은 영적 수준에 도달할 수 있다고 격려합니다. 유니콘은 기사들의 모험과 로맨스를 담은 중세의 문학, 르네상스 시대의 책과 그림, 성경, 고대 로마의 작가 대(大) 플리니우스의 『박물지(Naturalis Historia)』에서 언급됩니다. 현재 서양 대중문화에서 사랑받고 인기 있는 캐릭터이기도 합니다.

의식을 깨우는 질문

- 당신의 상상 속에는 유니콘이 살고 있나요? 유니콘은 당신에게 어떤 의미인가요?
- 당신의 순수한 영혼이 어떤 것에도 손상받지 않을 것이라고 생각하나요?
- 더 높은 영적 수준에 도달하기 위해 특정한 기술이나 방법을 사용하나요?

용
소중한 것을 쟁취하는 힘

"보물을 얻으려면 당신 내면의
영웅을 깨워야 합니다. 용감하고 대담한
자만이 나를 이겨낼 수 있어요."

선과 악을 동시에 갖고 있는 용은 보물을 지키는 파수꾼입니다. 위대한 영웅들만이 용을 물리치고 그 보물을 얻을 수 있죠. 용은 우주만큼 오래되었습니다. 현명하고 무자비한 이 존재는 4원소(물, 불, 흙, 공기)의 힘을 손에 넣고 휘두릅니다. 용은 하늘과 깊은 물속, 숨겨진 땅에 살며 모든 것을 활활 태워버리는 불을 품고 있습니다. 용은 영혼의 선물을 보호하면서 가장 어둡고 불가해한 정신 능력을 나타냅니다.

용과 접촉하는 것은 지금과는 다른 수준의 지식과 인식에 접근하는 것입니다. 용을 만나고 나면 그 이전과 결코 같을 수 없습니다. 내적 자아와 지평을 엄청나게 확장할 문지방을 넘어선 것이기 때문입니다.

용은 보물처럼 소중한 것이라면 우리가 추구하고 쟁취해야 한다고 가르칩니다. 용은 우리와 보물 사이에 놓인 장애물 앞에서 멈추지 말라고 합니다. 우리 자신을 시험해야만 우리가 목표에 정말 관심이 있는지, 아니면 그것이 쟁취할 만한 가치가 없는, 그저 기분 전환 거리인지 알 수 있기 때문입니다.

동양 문화, 특히 중국과 일본 문화에서 용은 행운과 성공, 번영을 주는 신성한 존재로 여겨졌습니다. 용은 자연의 힘과 황제의 권력을 상징합니다.

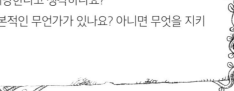

의식을 깨우는 질문

- 무언가를 정말로 원할 때 두려움을 물리치고 용기를 얻는 방법을 알고 있나요?
- 용, 영웅, 보물 중에서 자신이 무엇에 해당한다고 생각하나요?
- 이 과업에서 당신이 성취하고 싶은 근본적인 무언가가 있나요? 아니면 무엇을 지키고 싶나요?
- 당신 안에 숨겨진 보물은 무엇인가요?

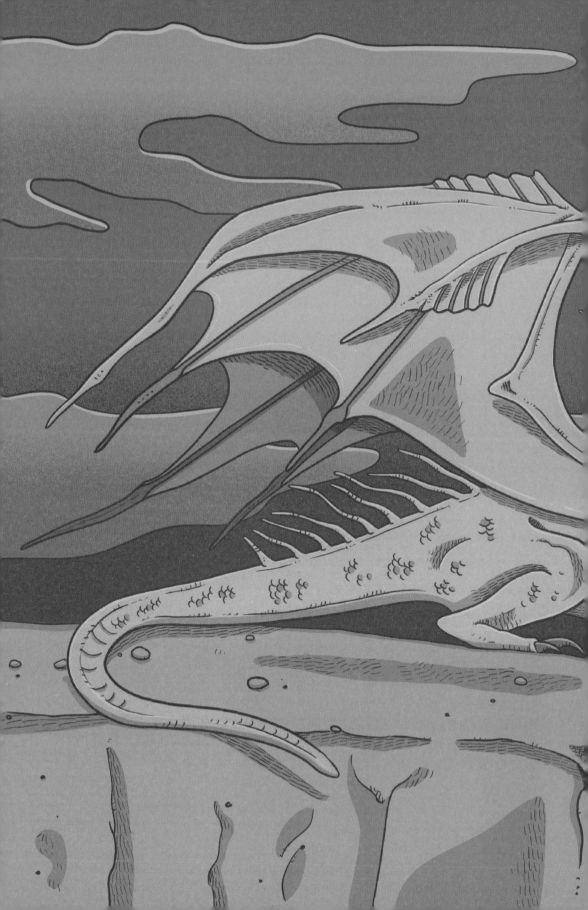

불사조
무에서 유를 창조하는 힘

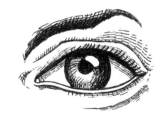

"당신의 모든 것이 불타 재로 변했을 때, 그 재에서 전혀 기대하지 못한 당신의 새로운 모습을 발견할 수 있습니다."

신비하고 고귀한 새 불사조는 모든 신화에서 부활과 재탄생, 변신의 상징으로 여겨져 왔습니다. 이 과정은 물리적인 죽음과 삶에서 겪는 모든 상징적인 죽음을 포함합니다.

붉은 깃털을 가진 사나운 불사조는 자신을 불살라 알의 형태나 완전한 성체의 모습으로 다시 태어납니다. 그래서 불멸의 영혼을 상징하지요. 불사조는 영적 부활을 위해서는 우리의 발전을 방해하는 요소를 제거하는 것은 물론, 성장을 방해하는 태도와 파괴적이고 반복적인 사고방식 역시 태워 없애야 한다는 것을 상기시켜 줍니다. 결실 없는 것들과 자아에 대한 집착 또한 모두 버려야 하며, 피해 의식은 해소해야 합니다.

다시 살려면 우리는 먼저 죽어야 합니다. 우리가 이 사실을 받아들이지 않는다면 죽음은 매우 고통스러울 것입니다. 하지만 이 진실을 받아들이면 부활과 발전은 보장됩니다. 우리는 이 메시지를 내면에 새겨 특히 고통과 고난의 순간에 기억해야 합니다.

어려운 시기를 지날 때 불사조의 힘을 불러내어 어려움을 극복하세요. 불사조가 이미 새롭게 태어난 당신의 빛으로 스스로를 빛내며 저 너머에서 당신을 기다리고 있습니다.

의식을 깨우는 질문

- 지금의 존재 안에서 몇 번이나 죽었다가 다시 태어났나요?
- 상징적인 측면에서 당신은 불사조 같은 사람인가요?
- 계속 발전하기 위해 당신의 어떤 것을 태워 없애야 하나요?
- 어떤 새로운 형태로 부활하고 싶나요?
- 새로운 단계로 나아가는 것에 관심이 있나요?

지금까지 살펴본 것과 같이 우리의 내면에 함께하는 동물들의 가르침은 상반되고 상충하는 개념일 수 있습니다. 그러나 이러한 개념들이 서로 배타적인 것만은 아닙니다.

사실 각 동물은 특정한 시기에 우리에게 말을 걸며, 어떤 때에 우리에게 공명하는 동물이 다른 때에도 반드시 다시 공명하는 것은 아닙니다. 어떤 동물이 우리가 특정한 길을 걷는 동안에만 함께하며 안내해 주다가, 우리가 목적지에 도달하면 우리와 작별하고 다른 동물에게 자리를 내주는 것은 이런 이유에서입니다. 어떤 동물을 선택해서 부를지는 지금 이 순간에 무엇이 필요한지 알고 있는 당신에게 달려 있습니다. 지금은 무엇이 필요한가요? 어떤 자원, 어떤 치유가 필요한가요?

치유하는 동물들은 꿈속에 모습을 드러냅니다. 길거리에서 마주치기도 하고, 우리의 상상 속에 존재하기도 합니다. 그들의 모습이 담긴 그림이나 사진, 영상, 주술사의 영적 여정처럼 우리가 내면으로 들어가기 위해 사용하는 여러 방법을 통해 치유하는 동물들을 만날 수 있습니다. 우리가 그들에게 얼굴을 부여하고 그들의 목소리를 들을 수 있다면, 깨어 있으면서도 그들과 흥미로운 여정을 함께할 수 있습니다.

당신은 어떤 동물과 함께 있는 것 같나요? 사실 영적인 부족의 여러 구성원들이 순간순간마다 우리와 함께 여행하지만, 영적 부족의 지도자는 언제나 당신과 함께하며, 태어날 때부터 죽을 때까지 당신 곁에 있다는 걸 잊지 마세요. 보통 직감으로 이 사실을 알아챌 수 있습니다. 그 동물의 본성 속에 우리 자신의 모습이 비치는 것을 볼 수 있기 때문입니다. 마치 거울에 비춰 보듯, 우리의 모습이 여기에 소개된 동물과 우리의 영혼 안에 살고 있는 모든 동물로 나타나는 것을 보며 우리는 흥미로우면서도 깊이 있는 방식으로 자신을 알아갈 수 있습니다. 이런 동물들을 더 잘 알아보는 데 이 책이 도움이 되기를 바랍니다.

NOTES

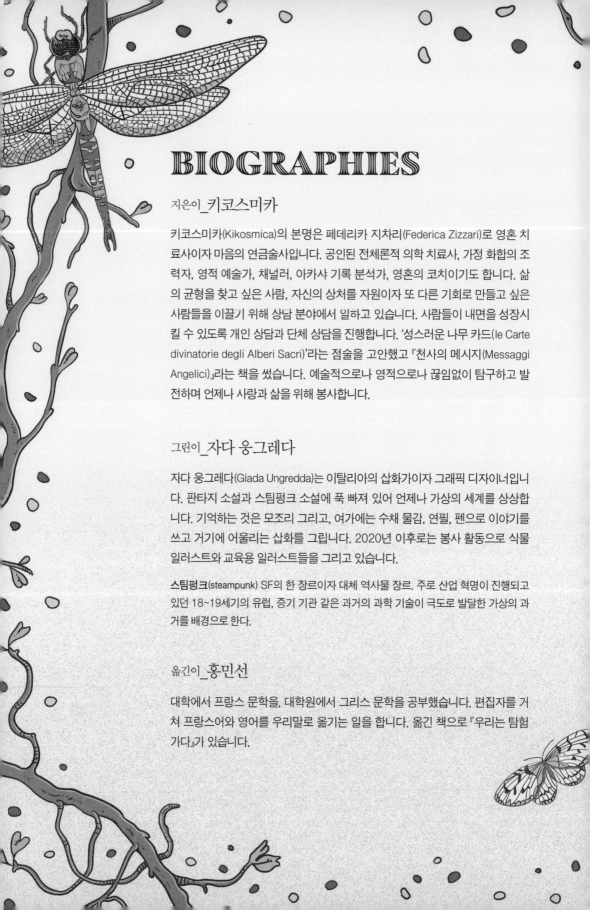

BIOGRAPHIES

지은이_키코스미카

키코스미카(Kikosmica)의 본명은 페데리카 지차리(Federica Zizzari)로 영혼 치료사이자 마음의 연금술사입니다. 공인된 전체론적 의학 치료사, 가정 화합의 조력자, 영적 예술가, 채널러, 아카샤 기록 분석가, 영혼의 코치이기도 합니다. 삶의 균형을 찾고 싶은 사람, 자신의 상처를 자원이자 또 다른 기회로 만들고 싶은 사람들을 이끌기 위해 상담 분야에서 일하고 있습니다. 사람들이 내면을 성장시킬 수 있도록 개인 상담과 단체 상담을 진행합니다. '성스러운 나무 카드(le Carte divinatorie degli Alberi Sacri)'라는 점술을 고안했고 『천사의 메시지(Messaggi Angelici)』라는 책을 썼습니다. 예술적으로나 영적으로나 끊임없이 탐구하고 발전하며 언제나 사랑과 삶을 위해 봉사합니다.

그린이_자다 웅그레다

자다 웅그레다(Giada Ungredda)는 이탈리아의 삽화가이자 그래픽 디자이너입니다. 판타지 소설과 스팀펑크 소설에 푹 빠져 있어 언제나 가상의 세계를 상상합니다. 기억하는 것은 모조리 그리고, 여가에는 수채 물감, 연필, 펜으로 이야기를 쓰고 거기에 어울리는 삽화를 그립니다. 2020년 이후로는 봉사 활동으로 식물 일러스트와 교육용 일러스트들을 그리고 있습니다.

스팀펑크(steampunk) SF의 한 장르이자 대체 역사물 장르. 주로 산업 혁명이 진행되고 있던 18~19세기의 유럽, 증기 기관 같은 과거의 과학 기술이 극도로 발달한 가상의 과거를 배경으로 한다.

옮긴이_홍민선

대학에서 프랑스 문학을, 대학원에서 그리스 문학을 공부했습니다. 편집자를 거쳐 프랑스어와 영어를 우리말로 옮기는 일을 합니다. 옮긴 책으로 『우리는 탐험가다』가 있습니다.